Social Education in a Multicultural Society
Creating a secure place through learning at Japanese community centers, libraries, and museums

# 多文化社会の社会教育
## 公民館・図書館・博物館がつくる「安心の居場所」

渡辺幸倫 編著
Yukinori Watanabe

川村千鶴子
金塚 基
土田千愛
呉 世蓮
大谷 杏
阿部治子
宮原志津子
和気尚美
若園雄志郎
郭 潔蓉
玉井 昇
著

明石書店

多文化社会の社会教育
──公民館・図書館・博物館がつくる「安心の居場所」

ooo 目次

はしがき 9

序章 13
    多文化共生政策の流れ 14
    2018年の多文化社会日本 17
    社会教育の課題 19
    本書の構成――各章の概略 22
    各施設の課題 23

渡辺 幸倫

## 第Ⅰ部 日本の外国人集住地域の「安心の居場所」 29

### 第1章 協働・共創を支える「安心の居場所」
――内発的社会統合政策を拓く 31
  1．「安心の居場所」創出への地域の実践 33
  2．移民・難民の定住と世代間サイクルの視点 37
  3．「安心の居場所」と社会統合政策 40

川村 千鶴子

### 第2章 地方都市部の社会教育ならびに施設における多文化共生活動
――静岡県磐田市南御厨(みくり)地区を事例として 45
  1．磐田市・南御厨地区の外国人住民の概況 46
  2．磐田市および南御厨地区における多文化共生活動の経緯 48
  3．南御厨地区のアンケート調査結果 53

金塚 基

## 第Ⅱ部　居場所としての公民館　57

### 第3章　多文化社会における公民館の役割
### 難民申請者と地域住民の交流
　　──埼玉県川口市の住民の取り組みを事例に　59
- 1．川口市に在留するトルコ国籍クルド人難民申請者の実態　61
- 2．川口市における公民館　64
- 3．難民申請者と地域住民との文化交流の事例　67

土田　千愛

### 第4章　二つの法体系が支える韓国の地域学習施設
　　──光州広域市における「教育」と「支援」の連携事例を
　　　中心に　73
- 1．韓国の社会教育・生涯学習と多文化家族支援に関する法的規定　74
- 2．光州広域市の地域学習施設の取り組み　80

呉　世蓮

### 第5章　成人移民へフィンランド語教育を提供する公共施設
　　──地域社会とのかかわりと学習以外の機能にも着目して　89
- 1．フィンランド政府の移民統合政策　90
- 2．第2言語としてのフィンランド語学習　92
- 3．フィンランド語学習施設　95

大谷　杏

# 第Ⅲ部　本から広がる図書館の取り組み　105

## 第6章　日本の多文化都市における図書館の取り組み
　　　　――「多文化サービス」のあゆみと「安心の居場所」で
　　　　　あるための提言　107

1．図書館の多文化サービスのあゆみ　108
2．調査からみる図書館の多文化サービスの現状と課題　115
3．多文化共生施策と図書館の多文化サービス　117
4．「安心の居場所」としての図書館　118

阿部 治子

## 第7章　多民族国家シンガポールを支える図書館
　　　　――国民統合と多民族共生　123

1．国民「統合」と多民族「共生」のための政策　126
2．図書館サービスによるシンガポール人への「統合」　131
3．図書館サービスによる多民族の「共生」　134

宮原 志津子

## 第8章　移民・難民のくらしに寄り添う公共図書館
　　　　――デンマークにおける取り組みに着目して　139

1．統計にみるデンマークに滞在する移民・難民の公共図書館利用　140
2．移民・難民に図書館サービスを届ける仕組みと多言語資料　142
3．移民・難民の多様な課題解決を支える公共図書館のプログラム　145

和気 尚美

## 第Ⅳ部　見て聞いて触って学ぶ博物館の役割　153

### 第9章　学校と博物館の連携の可能性
──先住民族について学ぶ「国立アイヌ民族博物館」設立を受けて　155

1. 博物館活動と民族についての基礎的認識　157
2. 地域住民以外の博物館利用　160
3. 博物館と学校との連携　162

若園　雄志郎

### 第10章　文化の由来を知る
──「順益台湾原住民博物館（シュンイ）」が担う社会的包摂機能　169

1. 台湾「原住民」の苦難の道のり　172
2. 原住民の固有文化と民族的アイデンティティの喪失　175
3. 「順益台湾原住民博物館」の誕生と原住民文化再建への想い　177
4. 展示する「博物館」から原住民文化の「安心の居場所」へ　179

郭　潔蓉

### 第11章　ニュージーランドにおける太平洋諸島移民の文化的学習
──博物館を中心に　183

1. 多文化社会ニュージーランドにおける太平洋諸島移民の経緯　184
2. 国立博物館テ・パパ・トンガレワの取り組み　188
3. オークランド博物館の取り組み　194

玉井　昇

あとがき　201

# はしがき

　多文化多民族化が加速する日本で、住民の自治という経験の積み上げがある社会教育はどのような役割を果たせるのだろうか。これが本書の一貫した問いである。公民館、図書館、博物館などの社会教育施設が、変化する住民構成に応じてその活動の内容を変えていくのは当然のことであろう。しかしそれぞれの地域の事情の中で、どのような形があり得るのかといった参考事例が不足している。そこで本書では、現在の日本の多文化状況と今後の展望、そして社会教育の課題を概観したうえで、国内外の安心できる居場所の創出にかかわる先進的な公民館、図書館、博物館およびそれに相当する施設での取り組みを紹介していくことで、今後の社会教育の新たな可能性を提示する。

　本書の執筆の最終段階の時期にあたる2018年12月8日に成立した「出入国管理及び難民認定法」は、1989年の改正に続く大きな政策転換点となる。1989年の改正はそれまでの「在日」を中心とした在住外国人像を大きく変え、多様な背景を持ついわゆるニューカマーの増加をもたらしたが、今次の改正の主眼は外国人労働者の受け入れ拡大で、一定の技能を持つ外国人や技能実習修了後の希望者に新たな労働資格を与えることで、これまで認めてこなかったいわゆる単純労働の受け入れを開始する。

　現行の賃金水準を下押ししてしまうという批判はもとより、受け入れ体制の整備の詳細は法改正の時点ですら定まっていないが、施行とともに若者を中心とした大規模な労働者の流入が予想されている。新制度の背景には深刻な人手不足があるとされるが、その度合いは地方でより高い。これまで外国人住民との共生は都市部の問題とされてきた側面があったかもしれないが、

今後は農村漁村も含めた全ての自治体の課題となることが明白だ。

また、「出入国管理及び難民認定法」と同時に行われた、法務省設置法の一部改正によって入国管理局が廃止され出入国在留管理庁が設置される。名称の変更からも明らかなように、これまで入国の管理という力点が、在留外国人の管理へと拡大される点は見逃せない。既に在住外国人は260万人を超え、隣人として地域に暮らしている。これらの人々にとっては、人生のあらゆる場面が外国である日本で経験されている。管理に限定されない総合的な視点が必要なのは自明と言って良いだろう。

その後12月25日には、法案成立後に発表すると説明されていた基本方針が閣議決定された。企業が直接雇用する原則を明記している。そこでは施行から5年間の受け入れ見込み数を約34万5千人とし、企業直接雇用の原則、日本人と同等の賃金、社会保険加入の他、住居など生活支援や帰国費用なども受け入れ機関（企業）が担うことになった。経団連・経済同好会・日本商工会議所といった各経済団体に温度差はあったものの、企業の責務を明確にしたことはこれまでのあり方に比すれば一定程度の評価に値する。

また、関係閣僚会議で了承された「外国人材の受け入れ・共生のための総合的対応策」では、全国100カ所に生活相談窓口を設置し、医療、在留手続き、福祉に関する情報提供にあたることが示された。対象には従来の在留資格で滞在する外国人も含まれるため、これまで自治体ごとに対応に苦慮してきた経緯を考えれば前進ということができる。しかし、外国人材への生活支援は、受け入れ機関またはそこから委託された登録支援機関が行うということにはなっているものの、その実施の詳細は見えてこない。これまでの技能実習制度下のあり方を振り返れば受け入れ機関主導のガイダンスで、地域住民としての権利や義務についての十分な学習が行われるのか懸念される。

このような社会状況の中、冒頭に述べたように、社会教育は何ができるのか、具体的な行動が迫られている。本書ではこのような大きな変化の時代を迎えるにあたって、社会教育にできることを考えていきたい。その題材として、日本の多文化社会の状況を確認した上で、国内外の公民館、図書館、博

物館とそれらに相当する施設での取り組みを紹介していく。

　学校と地域の他の教育機関（社会教育関連施設など）との連携を念頭に、想定する読者である、大学生、大学院生、自治体職員、NGO スタッフ、小中高の教員などが自分の職場、自分の住む地域社会に適応・提案可能な要素・考え方を学び取れるように留意した。これを通して、だれもが多文化的で安心な居場所創出の役割を担っているという気づきをもたらしたい。

2019 年 1 月　　編者

本書では政府・自治体発行の文書や新聞報道などのうちインターネット上でも公開されており検索が容易（タイトルを検索することで特定可能）の場合には、公知の事柄に準ずるとみなし、引用文献、参考文献共にタイトルなどのみを提示し URL の表記をしないこととした。これらは非常に長いアドレス表記になるものも多く、煩雑さを避けることが主たる理由である。

# 序章

渡辺 幸倫

## はじめに

　本章では、多文化社会における「安心の居場所」の創出と社会教育の関係を考える前提となる議論をいくつか整理したい。多文化多民族化とは、これまで日本の作り上げてきた社会における権利や教育のあり方とは異なる国や文化圏からの移住者の増加を意味する。このような地域住民の増加は、住民の学習ニーズをくみ上げ、学びの支援を提供する公民館、図書館、博物館などの社会教育施設のあり方にも変化を迫る。

　本書では、社会教育を通して、すべての住民が安心できる多文化的な公共空間を創出することで、新しい住民も地域に対する愛着を感じやすくなり、結果として社会の安定につながると考える。また、副題にあげた多文化社会における「安心の居場所」とは、国籍や出身地、あるいは民族的差異にかかわらず、それぞれの幸福を追求することが保障され、その追求のために適切な支援を得たり、仲間と出会ったりすることができるような場と定義する[*1]。社会教育の分野では児童館や青少年教育施設を舞台に子どもや青少年の居場所を創出しようとする試みが多く行われてきた。しかし、多様な文化的背景を持つ住民の居場所についての議論はいまだに少ない[*2]。本書では、多文

---

[*1] そもそも居場所には、安心していられるところという意味がある。本書では、文化的民族的な理由で物理的精神的な脅威を受けることがなく安全であり、ありのままの姿で受け入れられることの重要性を強調するために「安心の」という語を加えることとした。

[*2] 社会教育の分野における文化的なマイノリティの居場所の研究では、矢野（2007）が横浜市の事例などをあげながら精緻な議論を展開している。

化多民族化の進む地域住民を念頭に、これらの人々が安心して集える場所を創出するための端緒としたい。

以上を踏まえ、本書の共通する認識を示すために、本章では、まず、入管法改正の位置づけを明らかにするために入管法改正に至るまでの「多文化共生政策の流れ」を確認する。次に、多文化多民族化が加速する現状を認識するためにいくつかの統計を引きながら執筆時点の「2018年の多文化社会日本」の特徴を考えていく。その上で、多文化多民族化の進む日本社会と「社会教育の課題」の結節点を考察する。そして最後に本書の紹介する国内外の事例の概略を紹介したい。

## 多文化共生政策の流れ

2000年頃から多文化共生をキーワードに先進的な各地で様々な取り組みがなされるようになった。例えば、本書で取り上げた静岡県磐田市では2003年に多文化共生に関する施策を専門とする共生社会推進室が設置され、東京都新宿区では2005年に日本人と外国人が交流し、お互いの文化や歴史等の理解を深める場として、「しんじゅく多文化共生プラザ」を設置している。

2006年には、このような動きによって醸成された機運を反映して、総務省から「地域における多文化共生推進プラン」が発表された。その中で「国籍や民族などの異なる人々が、互いの文化的差異を認め合い、対等な関係を築こうとしながら、地域社会の構成員として共に生きていくような、多文化共生の地域づくりを推し進める必要性」が示され、各自治体に同様のプランの策定を求めたことで、多文化共生の概念が全国に広がっていった。

また同年内閣官房に外国人労働者問題関係省庁連絡会議が発足し、年末には「『生活者としての外国人』に関する総合的対応策」が策定された。この総合的対応策では「外国人が暮らしやすい地域社会づくり」、「外国人の子どもの教育の充実」、「外国人の労働環境の改善、社会保険の加入促進等」、「外

国人の在留管理制度の見直し等」の4項目が示され、日本が国として「日本で働き、また、生活する外国人について、その処遇、生活環境等について一定の責任を負うべきものであり、社会の一員として日本人と同様の公共サービスを享受し生活できるような環境を整備しなければならない」という認識が示されたことは、それまでの施策との対比の中で画期的と評価された。

2008年のリーマンショック後の不況下では、失業する日系人を中心とした外国人労働者やその子ども達の教育問題への対応を目的として内閣府に「定住外国人施策推進室」が設けられ、2010年に『日系定住外国人施策に関する基本指針』が策定された。そこでは、日系定住外国人施策の基本的な考え方として「日本語能力が不十分である者が多い日系定住外国人を日本社会の一員としてしっかりと受け入れ、社会から排除されないようにする」ことが掲げられ、日本語習得や生活情報取得のための体制整備、子育てや就業の支援などが取り組まれた。

2012年には、東日本大震災を受けて災害時の対応を視野に入れた『多文化共生の推進に関する研究会報告書——災害時のより円滑な外国人住民対応に向けて』が総務省から公表され、地方公共団体における災害時の円滑な外国人対応に向けた、関係者間の連携や中核的な人材の育成、多言語情報提供のあり方、日常的な取り組みの重要性等について提言された。

2016年には、地域における多文化共生推進プラン策定10年を機会に、総務省によって多文化共生事例集作成ワーキンググループが開催され、そこで扱われた「優良事例」が翌年『多文化共生事例集〜多文化共生推進プランから10年　共に拓く地域の未来〜』が公表された。そこではコミュニケーション支援、生活支援、多文化共生の地域づくり、地域の活性化やグローバル化への貢献の4つの分野に分けて、各地の取り組みが幅広く紹介されている。このように近年は、多くの自治体が「多文化共生」理念の下で、生活者としての受け入れを念頭にした公共サービスの充実が図られ、国の支援によって経験の共有も行われるようになってきている。

一方、文部科学省は、「日本語指導が必要な児童生徒」をキーワードに

2000年代前半から調査を行ってきた。教育の専門家としての現場の教師等による熱心な働きかけによってようやく2016年頃からは、「公立学校における帰国・外国人児童生徒に対するきめ細かな支援事業」や「定住外国人の子供の就学促事業」が開始されたが、2017年に発表された『日本語指導が必要な児童生徒の受入状況に関する調査（平成28年度）』では、日本語指導が必要な外国人児童生徒が10年間で1.5倍（3万4千人）に、日本語指導が必要な日本国籍児童は同期間に2.5倍（1万人）になったと報告されている。ニーズの増加に学校等での支援・指導体制の整備が追いついていないのが現状ではあるものの、教育機会の保障という観点から様々な施策が文部科学省や地方自治体を中心に講じられようとしている。

　さて、このように一定の成果を見せつつあった多文化共生政策だが、内閣府、総務省、文部科学省、厚生労働省、国土交通省、文化庁などの府省庁がそれぞれの行政分野の中で担ってきたため、結果的に政府としての取り組みの一体性に欠けていたり、社会の変化に受け身であったという批判が強い。2018年の出入国在留管理庁の設立は、統一的な政策の提示の端緒となることが期待されているが、国政レベルでの受け入れ体制づくりが遅れており、具体的な政策が示される前に基礎自治体が個別に対応することが求められることが予想される。また、法務省の外局である出入国在留管理庁による政策は、共生を志向するものではなく、名前の示すとおり「管理」の強化への懸念も出ている。さらに、これまでの施策は住民を日本人と外国人に二分し、日本人を支援する側、外国人を支援される側に固定化する傾向が強く、双方が等しく社会に新しい価値を生み出す主体となれるような「共創」の枠組みから発想するべきという主張もある[3]。

　しかし、改正入管法が目指す外国人労働者を招くにあたって、受け入れ体制の整備は受け入れ国、社会の義務であり、国政と地域行政の乖離を理由に対応を遅らせることはできない。地域のニーズをすくい上げ住民の学びを支

---

[3] 小泉康一、川村千鶴子編著（2016）『多文化「共創」社会入門』慶應義塾大学出版会

援してきた社会教育施設の経験にかけられる期待は大きい。社会教育施設などの身近な施設で必要な生活・就労上の情報や質の高い日本語教育の提供が得られる環境の構築は急務であろう。

## 2018年の多文化社会日本

　国連経済社会局人口部（UNDESA）によれば、国際移民人口は1990年の1億5300万人（世界人口比2.9%）から2015年の2億4400万人（同3.3%）となっており、国際的な人の動きは、世界の動きや交通機関の発達などを背景にますます増加している[*4]。移動の理由は様々で、経済的な理由による移民、戦争や政治的圧迫などから逃れようとする難民や亡命希望者、出身国以外で一定期間居住後に帰国する帰還移民などとなっている。

　このような世界的な移動人口増加の傾向の中に日本への人の流れも位置付けることができる。法務省の調べによれば2018年6月時点の在留外国人数（3カ月以上の在留が許可されている者などの中長期滞在者及び特別永住者数）は263万人と統計を取り始めて以降で最高となった。1990年には98万人ほどであったことを考えれば、約30年間をかけて2.5倍を超えたことになる。この間概して増加が続いたが、2008年に221万人を突破したものの同年後半のリーマンショック、2011年の東日本大震災の影響などで、2012年には203万人となるなど減少した時期もあった。しかしその後の増加は著しい。東日本大震災の影響から抜けてきた2013年ごろから増加の速度は増しており、2013-2014は約5.5万人増、2014-2015は約11万人増、2015-2016は約15万人増、2016-2017は約18万人増であった。訪日外国人数も2013年に

---

＊4　United Nations, Department of Economic and Social Affairs. Population Division (2017). Trends in International Migrant Stock: The 2017 revision　国連では国際移民（international migrant）を通常の居住国を変更した者とし、さらに短期移民（3カ月以上1年未満）と長期移民（1年以上）に分けている。ただし日本はこの定義を採用しておらず、国や機関で移民の定義が異なることに留意しなければならない。

は1000万人であったが、2018年には3000万人を超え、明らかに日本の風景が変わってきている。

　在住外国人の内実をもう少し概観していこう。年齢構成を見れば、20歳代が最大で79万人（約30％）、続いて30歳代（57万人）、40歳代（40万人）、50歳代（28万人）の順で、18歳未満は約11％であり、多くが勤労世代にあることもわかる。この傾向は2018年の入管法改正が目論見通り就労者の拡大につながればさらに強まることであろう。

　一方、出身国を見ると200カ国近い国の内、中国（74万人）、韓国（45万人）、ベトナム（29万人）、フィリピン（27万人）、ブラジル（20万人）の上位五カ国で74％、上位10カ国で85％となっているが、地域による差も大きい。例えば新宿区（外国人住民比率12.4％）と磐田市（同4.6％）の上位10カ国の数字を見ても、磐田市でブラジル出身者が際立つ一方、新宿では東・東南アジアを中心としながらも11位以下の「その他」の多さも含めて多様な姿がうかがえる*5。これらの地域での取り組みや課題が異なってくることは容易に想像できる。

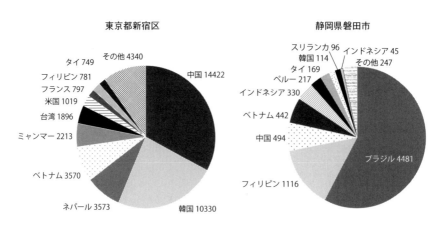

---

＊5　新宿区地域振興部地域コミュニティ課『外国人住民国籍別男女別人口』2018年12月、磐田市自治市民部地域づくり応援課地域支援グループ『国籍別外国人人口』2018年11月

さて、以上のように、いわゆるニューカマーを民族的マイノリティとしてとらえる際に少なくとも2つの点に留意する必要がある。1つは先住民族であり、もう1つは「在日」といわれる人々である。前者にはアイヌ民族をあげることができるが、これは北海道における特殊な問題ではない。国会でも決議されたように独自の言語、宗教や文化の独自性を有する日本の先住民族である。先住民族の名誉と尊厳を保持し、文化と誇りを次世代に継承していくための具体的行動をとることは国全体の問題である。この点については、第6章で博物館を中心とした連携の取り組みを紹介し、これと対比するように、第7章では台湾の先住民を扱った博物館の取り組みについて論じる。一方、「在日」に関しては、在日韓国・朝鮮人や在日中国人についての議論が戦後の日本の多文化社会を考える上で常に先端として様々な論点を提示し続けてきたことは明らかだろう。既に良書も多く研究の蓄積も厚い。本書では紙幅の問題もあって前者のみを取り扱うが、いずれも重要である。

## 社会教育の課題

　一般に社会教育は、学校教育以外の教育活動を意味する言葉として用いられ、法制度的には社会教育法第2条により「学校の教育課程として行われる教育活動を除き、主として青少年及び成人に対して行われる組織的な教育活動（体育及びレクリエーションの活動を含む）」と定義されている。また、社会教育に関して教育基本法第12条1項では、社会教育は「個人の要望や社会の要請にこたえ、社会において行われる教育」と規定され、特定の内容の教育ではなく、各個人、それぞれの地域社会での必要に応じた教育がなされるべきことが予定されている。さらに同条第2項では、「国及び地方公共団体は、図書館、博物館、公民館その他の社会教育施設の設置、学校の施設の利用、学習の機会及び情報の提供その他の適当な方法によって社会教育の振興に努めなければならない」とされており、これが各種社会教育施設設置の根拠となっている。

2006年に現行の教育基本法が制定された際に、旧第2条(教育の方針)が大幅に修正され、多くの徳目が達成すべき目標として示されたため、社会教育の現場では多くの議論がなされた。特に強かったのは、この修正によって、行政の任務が、それまでの自主的な教育・文化活動を「奨励」するための「条件整備」「環境醸成」から離れ、教育内容への行政の介入が容易になるという懸念からの反発である。その背景には、戦後の社会教育が第二次世界大戦への反省を原点としており、その核心に戦前の教化体質を排し、自由で自発的な自己教育、相互教育を軸に発展してきたという理解があった。そこでは学校教育にみられるような教育者と学習者という関係は想定されていない。

　教育基本法の改正から10年以上が経過し、当初の懸念が一部現実化した部分もある一方で、それまで積み上げられてきた社会教育の経験として、自己教育、相互教育を組織化する過程で生起した住民自治の重要性の認識は維持されている。そして、これらの教育活動が行われる場として、社会教育施設と社会教育職員の果たす役割は変わっていない。すなわち、住民の潜在的な学習ニーズや問題意識を掘り起こし、自主的に安心して学べる場を提供するという役割であり、社会教育職員は専門性を発揮しながらこれらの学びを援助することが求められている。

　しかしながら、2006年の教育基本法で、国及び地方公共団体による社会教育振興の方法の1つとして「図書館、博物館、公民館その他の社会教育施設の設置」が示されたにもかかわらず、2015年に行われた調査[*6]では、社会体育施設、民間体育施設、博物館類似施設などを含めた社会教育関係施設の数は約9万施設で、前回調査(2011年)から1,200施設減少している。図書館、博物館、公民館(類似施設含む)に限ってみると、図書館は全国で3,331館と過去最高であったのに対して、博物館は前回調査からの微減(5,614館)だが、公民館に至っては、最高値を記録した1999年からは4,000件以上減少して14,841館となっている[*7]。これは社会教育を推進する専門職員数にも

---

[*6] 生涯学習政策局政策課調査統計企画室『社会教育調査(平成27年)』

影響を与えており、司書や学芸員が増加しているのに対して、社会教育主事は10年でほぼ半減している。2014年までの10年間の利用者数の変化も、図書館や博物館はやや増加しているものの、公民館は20％近く減っている。人口減少や市町村合併などの地方行財政改革などの影響もある中で図書館や博物館が数量的に発展しているにもかかわらず、地域の自主的な学習の拠点である公民館の活動が停滞している様子がうかがわれる。近年は公民館の生涯学習センター化や複合施設への統合なども進んでおり、これが統計上の減少にもつながっていると考えられるが、それにしても減少幅の大きさが際立つ。より利用しやすい環境を作ると同時に利用の「質」を高めていく努力をしていくべきであろう。

　さて、前述の通り日本の住民構成は大きく変わってきており、新宿区大久保のように人口の33％近くが外国人住民という地区も存在する[*8]。住民自治のあり方、社会教育施設のあり方も変化する必要があるだろう。例えば、第8章で取り上げる、デンマークの図書館では、住民の言語構成を図書購入の際の1つの指標としており、取り組みとして非常に興味深い。図書館だけでなく、訪日観光客の多く訪れる博物館でも多言語対応は進みやすい環境にある。今後の社会教育のあり方を論じた『人々の暮らしと社会の発展に貢献する持続可能な社会教育システムの構築に向けて　論点の整理』[*9]でも、グローバル化と在留外国人・訪日外国人の増加は対応の求められている点として認識されている。特に、日本とは法体系、権利のあり方、生活のあり方の異なる国や文化圏からの移住者が、日本が積み上げてきた社会について知る機会は非常に限られる。

　在住外国人への対応は、場合によっては、どこか特殊な地域の話という印

---

＊7　ちなみに公立小学校は9,637校、中学校は20,302校（2015）となっている。
＊8　新宿区地域振興部地域コミュニティ課『新宿区の人口』2019年1月
＊9　学びを通じた地域づくりの推進に関する調査研究協力者会議『人々の暮らしと社会の発展に貢献する持続可能な社会教育システムの構築に向けて　論点の整理』平成29年3月28日

象が持たれやすかったかもしれない。しかし今次の入管法改正により、明らかに日本全体の課題となった。地方の農村漁村へも多くの外国人労働者が招かれていくだろう。第2章でも指摘しているように労働者の置かれている状況を鑑みれば、労働に関する権利を学ぶ必要性も高い。利益が相反する可能性もある雇用者である受け入れ機関、またはそこから委託された登録支援機関のガイダンスのみに期待することは難しいのではないだろうか。

　このような新しい住民の学習ニーズを掘り起こし、地域の課題として自己教育、相互教育の場、つまり安心の居場所を提供することは、これまで社会教育が担ってきた役割の延長上にあると言って良いだろう。

## 本書の構成――各章の概略

　以上の社会状況、経緯を踏まえて本書では、多文化多民族化の進む地域社会での取り組みを紹介する。まず、日本の2つの異なる特徴を持つ地域（東京都新宿区、静岡県磐田市）の事例を見ることで、地域の多文化化という変化への横断的な視点を得る。その後、公民館、図書館、博物館という施設を軸に、それぞれ日本の事例を確認した上で、2つの外国の事例という順で見ていく。外国の事例は、1つは近隣の国や地域から、もう1つは日本であまり紹介されることのない事例を中心に選定した。無論すべての事例はそれぞれの地域の歴史的社会的要因によって現在の形になっており、そのまま他地域に適応できるという類のものではない。どの事例にも改善すべき課題がある。しかし、このような事例を学び多文化多民族化の進展によって起こり得る事態をあらかじめ予想し対策の選択肢を用意しておくことは極めて重要だ。外国人住民のさらなる増加が確実となりこれに対応した新たな取り組みが求められる今、課題や失敗も含めて、学びに値する事例だと信じる。

### 日本の多文化社会における取り組みの横断的事例

　本書ではまず、第1章で東京都新宿区を中心とした多文化の状況と様々な

取り組みについて考える。新宿には外国人住民だけでなく日本人住民にも多様な背景の人々がおり、そのうちの多くの人が継続的に移動する人々だ。そのため安定的な社会の構築のためには、対症療法的な対応ではなく、人が変わっていっても維持できるような仕組みづくりが重要となる。このカギとなるのが人々が安心できる居場所づくりという視点である。ここでは、新宿区立大久保図書館を起点に地域の日本語学校や私設の博物館といった私的で親密な空間と公的な空間が重なり合うところに地域住民の安心の居場所が創出されているという。多様な地域住民が共に地域社会を創造することで、日本人対外国人という枠組みを乗り越えた共創社会を目指すべきだと説く。

続いて第2章では、2000年頃からブラジル出身の住民が急増した磐田市における「多文化共生」に関する取り組みを振り返る。外国人家庭は不安定な労働形態などに起因すると考えられる家庭における3つの貧困（時間的、社会関係的、教育機会）により、地域社会との関係が希薄になりがちで、これが社会の不安定要因になることが危惧される。そのため地域における生活ネットワークに根づいた活動の拠点として社会教育施設が機能し、日本人住民を含めた住民全体を社会的に包摂していく支援が重要である。住民の自治を念頭に、既存の自治会組織や社会教育施設体系が、変化する住民構成に悩みながらも均衡点を模索していった姿を具体的に描写する。

## 各施設の課題

### 公民館

先述のように、住民自治の拠点としての公民館の機能が弱体化しているという懸念がある。しかし、変化する住民構成の中で、身近な場所に人々が集う場を提供できる意味で公民館の果たせる役割はいまだに大きい。多文化化の進む地域ではどのような実践が行われているのだろうか。

まず第3章では、日本的存在である公民館の役割を確認した後、埼玉県川口市の公民館での住民の取り組み事例を取り上げる。川口市には難民申請者

などのトルコ国籍のクルド人住民が多くおり、公民館を舞台にクルド人が日本語を学ぶための教室だけでなく、クルド文化を地域住民に教えるという教室も行われている。各住民の持つ課題や、地域課題の解決がなされ、学習を軸とした地域交流の拠点としての公民館が機能している。在住外国人を含めた地域コミュニティのあり方の事例として学ぶところが大きい。

　これに関連して、第4章では、韓国の中でも市民の力が強く社会教育の発展を主導してきたともいわれる光州市の事例を扱う。日本に先だって移住労働者の導入を進めた韓国では、2017年には3カ月以上の長期滞在者の数が169万人を超えた。これは韓国の総人口5142万人の約3.3％にあたり[*10]、日本の約2％を上回っている。同章で取り上げる平生学習館や多文化家族支援センターなどの地域学習施設は、官民の組織が協同するための拠点として機能している。韓国の法体系や社会状況を勘案すると必ずしも公民館と同じ位置付けとは言えないが、大いに参考になる事例だ。

　一方、第5章では、フィンランドでのフィンランド語教育を取り上げる。フィンランドでは80年代後半から移民や難民を積極的に受け入れはじめ、90年代から現在にかけて外国人住民の数が約10倍になったという。これに対して、移民の言語・文化を保持しながらも社会に統合していく方策の1つとして、公的機関、民間教育機関の区別なく様々な場所でフィンランド語を学べる環境を構築している。様々な施設で良質なフィンランド語教育を提供するための取り組みは移民の生活の安定だけでなく、社会の安定にもつながる。日本の在留外国人への日本語教育への示唆は大きい。

## 図書館

　近年、日本の図書館では民間運営の導入が話題になるように産業化の影響の大きさが指摘されることが多い。その一方で、保持する豊富な資料から連携の軸となる事例も増えている。図書館にはどのような可能性があるのだろ

---

＊10　聯合ニュース「在住外国人が186万人に増加　総人口の3.6％」2018年11月1日

うか。

　第6章では、地域の外国人住民の増加が見込まれる現在、既に国内で多文化サービスを行っている新宿区立大久保図書館の事例を紹介する。先述の通り新宿区は多くの外国人住民がおり、様々な先進的な試みがなされている。その背景には、人権・人格を尊重した関係作り、そしてそのためにも、公立図書館が「すべての住民が当然のこととして本や言語に親しむ機会を提供するべき」という考えがある。無論図書館のみで完結するのではなく、他の社会教育機関や学校などとの連携も必要となる。これから公立図書館で多文化サービスを始める際に1つの形として参考になる事例であろう。

　次の第7章では、多民族国家シンガポールでの多文化サービスを取り上げる。シンガポールでは1965年の独立時から、中華系、マレー系、インド系が存在し、それぞれの系統の教育やコミュニティを作りながらも安定的に共存することが目指されてきた。図書館を起点とした多文化サービスもその重要な一翼を担っている。この点でシンガポールの経験は非常に多くの示唆を与えてくれる。しかし、近年は経済の順調な発展と共に在住外国人が急増し人口の約4割となった。建国以来の多様な民族による安定的社会構築の経験を、現在のさらに多様化する住民の受け入れにどのように生かすことができるのか焦眉の課題であろう。

　第8章では、日本であまり紹介されることのないデンマークの図書館について扱う。デンマークでは1960年代後半から今日まで若干の増減はあるものの、基本的に右肩あがりで移民数が増加している。2018年7月の統計によると、移民とその子孫の数は779,085人で、これはデンマークの総人口の約13.4％にあたり、この移民統計が収集する図書資料の言語の参考にされる。さらに2010年頃から施設間の連携をさらに進め公共図書館に「市民センター」の機能を統合し各種事業を行っている。統合された図書館でどのような事業が可能なのか、施設の統廃合や更新が求められる日本の社会教育施設に与える示唆は大きい。

## 博物館

　博物館は物的資料を収集・保存し、継続的に一般公開していくことによって時間や空間を超えてイメージを喚起し、感性に訴えながら理解を促す。しかし近年はこのような展示だけではなく、博物館のスペースが様々な学習に使われるようになっている。

　第9章では、2020年の設立に向けて準備の進む「国立アイヌ民族博物館」を念頭に、「社会教育」、「博物館」、「民族についての学習」、「学校との連携」などについて多様な視点から整理していく。例えば博物館は白老・アイヌ民族博物館で行われている伝承者育成事業のように文化伝承の拠点にもなりえるが、博物館の利用者は地域住民にとどまらず、観光を目的とした来館者や学校による利用の割合も大きい。このような状況はどう考えれば良いのだろう。来館者をどう増やすのか、来館経験をいかに深めるのかなどの課題もあるが、博物館展示を通して、多様な来館者が文化の多様性について理解していくための拠点としての機能が期待されている。

　第10章でも、台湾の先住民をテーマとする博物館を取り上げる。台湾の先住民は2.3%だが、その中に政府に認定されているものだけで16民族あり、そのあり方は多様だ。本章ではこれまでの被支配の歴史を振り返った上で、順益(シュンイ)台湾原住民博物館の取り組みを紹介する。同館の様々な活動は、これまでの経緯によって形成された来館者の持つ、先住民とその固有文化に対する否定的な見方や差別意識を低減させ、困難となっている先住民の固有の信仰や風習、しきたりなどの伝統的文化の継承を可能とする「安心の居場所」として機能していると解釈できる。このような場所があることによって先住民の伝統文化が継承されている様を描く。

　第11章では、ニュージーランドにおける太平洋諸島からの移民に着目する。近年顕著な増加傾向にある太平洋諸島民は、太平洋という共通項のもと先住民のマオリと類似した文化を持つとされるが、マオリに比べて固有の言語や文化に関する学習機会が極めて限られ、進学、就労、所得、自殺、犯罪などなどの指標をもとに「課題」化されている。ここでは国立博物館テ・パ

パと公立オークランド博物館での取り組みを紹介する。文物の展示による文化の紹介だけではなく、体験型の施設や学習スペースの提供や、図書館など他の施設との連携を行いながら、公的空間の中に安心できる居場所を創出し、社会からの分断や排除を防ごうとしていることが分かる。

## おわりに

　本章では、全体の基本となる認識と視座の提示として、日本における多文化共生政策の流れ、2018 年の統計から見た多文化状況、多文化社会における社会教育の課題を確認した。

　2000 年頃から地方自治体を中心に活発化した多文化共生政策は一定の成果を上げてきたが、国としての対応は受け身で縦割り的であるという批判が強かった。出入国在留管理庁の設立によって統一的な政策が期待される一方、管理強化につながるのではないかという懸念があり、注視が求められる。2018 年の統計からは同年の入管法に先だって、既に多文化多民族化が加速している様を確認できた。しかもその状況は地域によって異なり、決して一様ではない。それぞれの実情を認識した上でその地域に合った対策が求められるだろう。最後に社会教育の課題としては、これまでの社会教育の延長として、変化する地域住民の構成を受け止めた上で、そこに集う人々が、それぞれの幸福を追求することが保障され、その追求のために適切な支援を得たり、仲間と出会ったりすることができるような場、すなわち安心の居場所の創出を担っていることを論じた。

　次章からは、変化する地域住民の学習を支える取り組みとして国内外の事例を紹介していく。地域住民の多文化多民族化が加速する中、これに対応した新たな取り組みが求められる。「これらの事例を自分の地域におきかえたら」と想像することから少しでも各地の実践への示唆が得られることを願っている。

[参考文献]

移民政策学会設立10周年記念論集刊行委員会編（2018）『移民政策のフロンティア——日本の歩みと課題を問い直す』明石書店

近藤敦編著（2011）『多文化共生政策へのアプローチ——多文化共生政策の基礎講座／多文化共生関連の実務家養成講座』明石書店

社会教育推進全国協議会編（2017）『社会教育・生涯学習ハンドブック　第9版』エイデル研究所

日本社会教育学会編（1995）『多文化・民族共生社会と生涯学習』東洋館出版社

矢野泉編著（2007）『多文化共生と生涯学習』明石書店

# 第Ⅰ部

日本の外国人集住地域の「安心の居場所」

# 第1章

# 協働・共創を支える「安心の居場所」
内発的社会統合政策を拓く

川村 千鶴子

## はじめに

　越境の記憶は、移住者の心に生涯、鮮明に残る。将来、日本に行って本当によかったと心底、喜び合える時空を共有できる互恵的な関係性こそが、持続可能な経済発展につながる。本章の目的は、その基礎となる「安心の居場所」とはなにかを改めて分析することにある。「安心の居場所」の創出によって、いかなる相乗作用があるのか。そしてさらに日本が多文化共創社会（Multicultural Synergetic Society）となる道程を展望してみよう。

　多文化共創社会とは、単に国籍の違う人々との共生や文化的多様性の尊重をめざすだけの社会ではない。これまでの「多文化共生」は、日本人が外国人を保護し支援するという二項対立的な概念に偏りがちであった。その背景には、帰化者や国際結婚家庭の子ども、海外で生まれ育った子どもなど、日本国籍を持っていながら異文化を内在する日本人が増加しているにもかかわらず、日本人の多様性を表出する統計資料がない。多元価値社会の政策立案の内発的な発想の基礎をつくる制度的インフラもなかったことがあげられる。そのため政策も従来の国籍重視のものとなり、定住外国人に対する活動もコミュニティの弱者支援という発想に偏ってしまいがちであった。

その一方で、多文化共創社会とは、日本人の多様性にも着目し、外国人定住者、留学生、外国人労働者、難民、無国籍者、障がい者、一人親家庭、LGBT、高齢者など多様な人びとが精神的に自立し、地域の構成員として積極的に「協働・共創」する社会である。行政と共に人権の概念を大切にし、異種混淆性に理解のある幸福度の高い社会を目指す[*1]。これまで筆者は、東京都新宿区をはじめ各地の外国人集住地区を分析し、地域に根差した内発的実践に着目する重要性を説いてきた[*2]。地域の実践者や当事者からこみ上げる協働の達成感と自己実現に光を当て、共に地域を創っていこうとする共創の思想から発する「協働・共創」の内発的ビジョンに着目してきた。その基礎となるのが社会の構成員が安心できる場所なのである。なぜなら共に働く外国人当事者の自己実現をも包摂し、より開かれた共創社会を目指している地域は、様々な分断をいかに防いでいくかのヒントを与えてくれるからだ。

　本章では、先駆的な外国人集住地域にある図書館・博物館・宗教施設・医療機関・教育機関・企業・商店・市民団体などが、連携しながらエスニックコミュニティを支えつつ共創価値を生み出してきたことに着目し、「安心の居場所」がどのように創出されているのかを検討する。具体的には、まず地域の図書館の実践からはじめ、そこから地域で活動する日本語学校、そしてフォーラムとしての博物館へと施設間の連携を意識しながら広げていきたい。その上で、移民・難民の定住と世代間サイクルという視点の重要性、「安心の居場所」の創出から共創価値を生み出す社会統合政策へのつながりへと進めていきたい。

---

＊1　小泉康一、川村千鶴子編（2016）『多文化「共創」社会入門』慶應義塾出版会
＊2　川村千鶴子（2001）「多文化主義社会の胎動——共創の街・新宿から」『筑紫哲也の現代日本学原論——外国人』岩波書店、44-48頁、川村千鶴子編（2008）『「移民国家日本」と多文化共生論』明石書店、川村千鶴子（2015）『多文化都市・新宿の創造——ライフサイクルと生の保障』慶應義塾大学出版会など

## 1.「安心の居場所」創出への地域の実践

**公共施設である図書館の連携と「安心の居場所」**

　2017年に放映されたNHK「ETV特集　アイアムアライブラリアン──多国籍タウン大久保」は、図書館という公共施設が「安心の居場所」になっていることを映し出した。留学生とともに新宿区立大久保図書館館長が20カ国語の本を集めて読み聞かせの空間を創造している[*3]。マスメディアが、不登校・不就学に陥り、孤絶されがちな子どもの現状と隠れた「安心の居場所」を映し出した。偏見や閉鎖性を打破し、対話と交流が多文化共創型まちづくりの推進にヒントを与えたのである。放送メディアが、地域住民の多様性を丹念に浮き彫りにし、国籍重視から個性重視の視線で番組を制作し放映したことによって、教科書中心の学校教育では困難だった多文化意識を高めている。「世界人権宣言」「子どもの権利条約」「人種差別撤廃条約」など、その文言を知識として覚えるのではなく、対話による多文化意識の醸成を促しながら心に刻むことができることを示した。

　大久保図書館の米田雅朗館長は、マスメディアが大久保図書館を紹介したことによって、各地から図書・絵本の寄贈が増え、共創の輪が広がったと振り返る。大久保図書館には2018年10月現在、23カ国2367冊の外国語の本がある[*4]。日本語学校や小学校・幼稚園などの協力もあり、孤絶されがちな子どもたちが母語と母文化を学び、自己肯定型のアイデンティティを育てている。この図書館では第三国定住難民の方々が母語に触れる機会の提供や、高麗博物館やいたばしボローニャ子ども絵本館[*5]の協力を得て、子どもたちのための読み聞かせプログラムが継続的に実施されている。このように小さな公立図書館が、世界にネットワークを広げて、「安心の居場所」を創出しているのである。

---

＊3　特に大久保地区は外国人人口が30％を超える外国人集住地区である。
＊4　大人の本が1285冊、児童書1079冊、紙芝居も3つ。

## 多文化共創アクティブ・ラーニング、「安心の居場所」を創る日本語学校

　アクティブ・ラーニングとは、教師による一方的な知識伝達型講義ではなく、能動的な学びに変え、主体性を伸ばしていく学修方法をいう。そして多文化共創アクティブ・ラーニングとは、この学修方法にもとづいて生涯に亘って多文化社会で能動的に行動する基礎を形成し、異なる他者との関係性を培うもので、これによって自己の可能性を広げることができる。

　例えば新宿区には現在、約 70 校の日本語学校がある。大久保図書館の近くにある日本語学校のカイ日本語スクール（40 カ国 230 人の学生数と 50 名の教員）では、日本語コースに CBL（Community Based Learning）という体験学習型活動を教課に取り入れている。山本弘子校長は、図書館での読み聞かせ会の共催は、イベント開催が目的ではなく、地域貢献活動に向けての日本人との協働共創のプロセスに重きを置いていると説明する。体験自体を重視し、コミュニケーション摩擦や心的葛藤を客観的に捉えようとする試みの中にこそ互恵的なプログラム開発が可能になるという。ここでは日本語教育の一環として、カリキュラムに社会的環境へのアプローチを組み込んでいる。正解が用意されていない現実に対峙する留学生と教員と地域の織りなす学びのプロセスは、まさに多文化共創の実践といえるだろう。

　この日本語学校は、JR 新大久保駅の多言語化に協力してきた実績もある。JR 新大久保駅では、2015 年 6 月から、朝 7 時から夜 8 時まで 18 言語以上の多言語放送を流している。ベトナム語、ミャンマー語、タイ語、スペイン語、ヒンディー語などアナウンスが、駅から聞こえてくる。駅という公共施設が、言語的多様性に配慮し、留学生・地域住民・観光客らの協働・共創によって多言語放送を実現した。この「安心の居場所」を摸索する過程にこそ

---

＊5　板橋区立いたばしボローニャ子ども絵本館には、北イタリアのボローニャ市から寄贈された世界約 100 カ国、2 万 6 千冊、70 言語の絵本が所蔵されている。原書と翻訳絵本のコーナーで、原書と翻訳を読み比べていると文化の違いも発見できる。図書が板橋区に寄贈されるようになったのは 1993 年。板橋区とボローニャ市は 2005 年「友好都市交流協定」を締結した。

学び取るべき英知がある。

　もとより多くの日本語学校は、留学生の生活相談や人生相談などに親身になって対応してきた。そうした里親的機能を果たしてきた結果として、多くの留学生が日本語学校という学び舎こそが「安心の居場所」だと表現している。かくして地域貢献プログラムは、「安心の居場所」を保持することにも役立っている。偏見や閉鎖性を打破し、対話と交流による多文化共創型まちづくりに貢献し、留学生の自立心と高いポテンシャルを育てていることが分かる*6。

**フォーラム型移民博物館としての高麗博物館**

　2001年12月に、日本人と在日コリアンの市民が新宿区内の職安通りに「高麗博物館」を創設した*7。開会式に参加してみたが狭い空間に韓国の文化があふれ、日韓の交流史が多角的に描かれていた。高麗博物館を「つくる会」が誕生したのは、日本政府が大韓民国に対して、過去の支配と抑圧について正式に謝罪を表明した1990年のことだった。日韓の国交正常化を好機として「高麗博物館」をつくる運動が始まり、2001年、交流史を身近に学ぶ「高麗博物館」が大久保地区に誕生したのである。現在、高麗博物館はNPO法人化し、多数のボランティアが企画運営に関わっている。出会いと対話を重視し、一方的な歴史の評価を主張するような場所ではなく、日韓の友好な関係を構築するきっかけになるフォーラム型博物館を目指している。

　館長は「会員が納める会費や寄付が運営の柱になるので経営は苦しいが、行政や企業に依存せず、会員の意思で自由な行動が出来る」という。日本と

---

＊6　ただし、残念なことは、日本語学校の多くが株式会社立で、行政上の位置付けが適切になされないまま今日に至っている。

＊7　他にも日本には小規模ながら移民博物館といえるものはある。1979年に（社）神戸中華総商会のKCCビルに開館した「神戸華僑歴史博物館」は好例だろう。2003年6月に『神戸華僑歴史博物館通信』を創刊し、日本における華僑の人々の歴史を伝えている。

コリアの交流史をテーマとし、貴重な文化の接触領域でもある。こうした内発的な博物館が、既述の大久保図書館とも連携して活動を広げている点が興味深い。

　移民博物館は、移民との「接触領域」(Contact Zones)であり、世代を繋ぐ接触の役割をも果たしうる。人の移動の歴史と旅の記憶は、家族史を編み込み大きなうねりとなりグローバリゼーションの歴史を蘇らせる。移民を受入れて発展した国には、移民史を編纂し、体系化・ビジュアル化して、新天地に夢を託した越境民の勇気と苦難の歴史に想いを馳せる場を創造してきた。多文化共創の歩みを後世に伝え、研究所が併設され専門施設と研究者が配備されている博物館*8 もある。自分のルーツを発見し、先祖の思いや人生を学び取る空間であり、「移民」「難民」という固い言葉からも解放されている。

　移民博物館は、交流の場であるだけなく、改めて出入国管理政策を考える基礎ともなりうる。筆者は新宿区歴史博物館での講義で、明治初頭から中国人留学生や亡命者などを受入れた地域史を学んだ。地域の視点から日本の出入国管理政策の本質に思いをはせることのできる貴重な体験だった。

　横浜みなとみらいには、『海外移住資料館』(JICA 横浜国際センター内)がある。海外移住を果たした出移民の博物館*9 である。ここでは 2008 年にブラジル移民 100 周年のイベントが開催された。この移民史の延長上に、90 年の改正入管法施行以後の日系ブラジル人の子孫らの日本への U ターンの歴史が続いた。彼らが自動車産業や電機産業など日本の基幹産業を支え、家族呼び寄せと定住化の過程を捉えた共創の歴史も重要である。

　この他にも、地域の歴史博物館、図書館、学校、大学、企業、NGO とのネッ

---

＊8　ニューヨークのエリス島の移民博物館、ロサンゼルスの全米日系人博物館、アデレード・シドニー・メルボルンにある豪州の移民博物館、パリの国立移民歴史博物館などが有名だ。日系人を受け入れたブラジルにはサンパウロ移民記念館があるほか、ハワイやペルーなどにも移民博物館がある。

＊9　日本人の海外移住は、1866 年江戸幕府が海外渡航禁止令を廃止した時から始まり、海外で生活する移住者とその子孫の日系人は 250 万人に上る。

トワークをもち、既存の施設を有効利用し、IT技術を駆使する遠隔地通信の歴史博物館の構想が実践されている。2005年には、『在日韓人歴史資料館』が港区南麻布の韓国中央会館に開設された。国内だけでなく、世界の移民・難民博物館とネットワークを繋いでいく時代となった。

外国人材の受入れには、人手不足の充足のためという視点だけでなく、教育や社会保障の整備が必要なのだという視点が、当然のこととして生まれてくる。複眼的社会教育のなせるワザである。

## 2. 移民・難民の定住と世代間サイクルの視点

### 親密圏と公共圏が重なる「安心の居場所」

2019年から施行される「出入国管理及び難民認定法及び法務省設置法の一部を改正する法律」を読み解くカギは何だろう。外国人の受入れには、人間発達のプロセスとして、乳幼児期、学齢期、思春期、青年期、成人期、壮年期、老年期という生涯発達の特徴を析出し、移動する人々との共創の過程を視野に入れておくことが重要である。

多文化都市のメカニズムは、移住者と地域住民双方のライフサイクルの中で浮き彫りになる。親密圏（intimate sphere）と公共圏（public sphere）[10]が、「安心の居場所」の創造によって重なりあっていくことを図表1-1に表した。

公共圏の☆印は、産院、保育園、幼稚園、小学校、図書館、博物館、中学校、専門学校、日本語学校、夜間中学、病院、企業、職場、大学、市民団体、宗教施設、老人ホーム、病院、墓地などが想定できる。「安心の居場所」が公的な空間でもあることが、社会統合政策への道しるべとなっている。紙幅の関係ですべてのライフステージを詳述することはできないが、いくつか重要な点について論じたい。

---

[10] 齋藤純一編（2003）『親密圏のポリティクス』ナカニシヤ出版

図表1−1 「安心の居場所」にみる親密圏の拡大と公共圏との繋がりと重なり（川村2015）

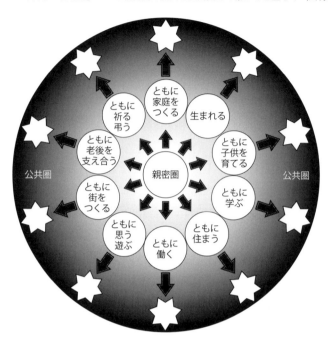

共に子どもを育てる──母語による絵本の読み聞かせ

　大久保図書館と日本語学校が共創している子どもへの母語による読み聞かせの空間は、当然のことながら子どもの成長にとっても極めて重要な意味を持つ。幼児期は、他者との接触によって社会における多様な人びととの共存環境への親和性を生みだし、その後の生活の基盤を形成する大切な時期である。幼児期の安定的環境の維持には、子どもをとりまく親、教育の現場、行政が連携し、相互に十全なコミュニケーションを取り合うことで、ストレスのない社会空間を構築していくことが求められている。哲学者ルドルフ・シュタイナーは、話す能力が幼児期に最重要であると次のように指摘する。

「話すことが幼児を外界へと関係づけるようになる。話すことを開始する

と、幼児が適応する生活圏は、より大きなものとなる。この生活圏の拡大は、単に言語というコミュニケーションの手段の習得による対人関係の拡大を意味するのではなく、さらに幼児が母国語を話すことによって『民族性という生活圏』の中に入り込んでいくことを意味する。話すことによって幼児は思考力を発達させることができる。言語が思考をもたらす」。

また、シュタイナーは、感謝の基礎の確立は、道徳的な善の形成につながるとも語っている（広瀬 1988）。

幼児期の教育環境が重要であるにもかかわらず、越境する親は、生活に追われ確たる教育方針を持てずにいることが多い。公共施設が「安心の居場所」を提供し、地域の力を取り入れながら人間発達にとって重要な母語による本の読み聞かせを行うことに、対話と共創の輪が広がるという相乗効果の広がりを感じることができる。

**外国人材と共に働く職場に「安心の居場所」**

人生において「働く」時間的、精神的シェアは大きい。共に働くことは、孤独や挫折感から自分自身を解放し、主体的な人生観を生み出している。特に越境者にとって、移住先で安定した就労状況を獲得することは、未来への希望であり、支えとなる。

文部科学省の定義によればキャリアとは「個々人が生涯にわたって遂行する様々な立場や役割の連鎖及びその過程における自己と働くことの関係づけや価値づけの累積」とされている。つまりキャリアとは、生活の糧を得るだけでなく、精神力を鍛え、多くの知見を獲得することで、自己実現に繋げる力である。図書館をはじめとする社会教育施設が自己実現を助ける場にならなければならないのは当然のことであるが、労働者が多くの時間を過ごす職場が「安心の居場所」であれば「働く」喜びを体感し孤立を防ぎ、自らの多文化意識を培うこともできるだろう。

外国人労働者の受入れには、一時的な経済合理性だけではなく、人間発達

のプロセスとして、乳幼児期、学齢期、思春期、青年期、成人期、壮年期、老年期という生涯発達の特徴を析出し、移動する人々との共創の過程を視野に入れておくことが教育と社会保障を考える基礎となる。

**庇護申請者と難民にとっての「安心の居場所」**

　庇護申請者や難民にとっても、読書の恵みは必要不可欠である。アジア福祉教育財団難民事業本部が実施する定住促進事業プログラムには、大久保図書館訪問がある。母語の本に触れ、読書の恵みを体感している。さらに難民にとっての安心の場所は図書館のみにとどまらない。

　歴史をふり返ると1978年、政府はインドシナ難民の定住受入れを決め、2019年は41年目を迎えた。難民条約に加入して38年、第三国定住難民の受入れから10年目になる。現在、インドシナ難民（2006年終了）が11,319名、条約難民708名（2017年末）、第三国定住難民174名（2018年10月）が日本で暮らしている。すでに難民の二世三世が活躍する時代となった。

　高齢化を迎えたインドシナ人の共同墓地が藤沢市にできた。墓誌は「インドシナ人の墓」とあり難民という言葉から解放され、墓地はまさに人々が集う「安心の居場所」でもある。このように「安心の居場所」は、移民・難民への排除や軋轢が感じられる時に、社会の分断を和らげる作用をもっている。社会の深い分断の傷を癒し、分断の溝を塞ぐのは、地域にひっそりと存在するこのような居場所ではないだろうか。


## 3．「安心の居場所」と社会統合政策

**「安心の居場所」の4つの要因**

　以下の考察から「安心の居場所」を支える4つの要因として、「対話的能動性と情報共有」、「愛他精神とケア」、「学びあいと未来への展望」、「協働・共創」があることを提唱したい。

　まず第1は、対話の重要性である。「安心の居場所」では自由なコミュニ

図表1−2　安心の居場所が創出する相乗作用（筆者作成2019）

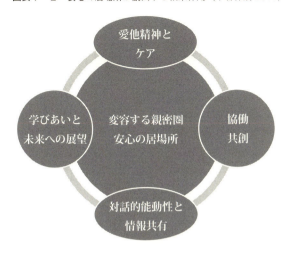

ケーションができる。本音で語りあい、困難を克服し、人間発達に繋がる「対話的能動性」が歓迎される。対話的能動性には、対話的な勇気が大切でいわゆる語学力だけの力ではない。またこの対話を可能とする基盤として情報の共有化も重視したい。マスメディアの情報だけでなく、自治体・大学・NGO・NPO・医療施設などからより身近な具体的な情報が流れる。これらの情報は生きる希望を与えてくれる。

　第2は、愛他精神とケアの実践である。「安心の居場所」には親密性（intimacy）、つまり愛情やケアの持続的な関係性がある。そしてその親密性の溢れる領域を親密圏（intimate sphere）といい、一般に愛情や心遣いの流れる関係性をいう。親密圏は脆く壊れやすい側面もあるが、その両義性をケアの実践と愛他精神の芽生えが支えていることに気づく。

　第3は、学びあいながら未来を展望することが生きる勇気となる。対話とは共に学ぶ行為でもあり、新たな気づきを生み出す。共に学ぶ時空の共有が、無知と無関心が生み出した偏見や差別意識への気づきを与え、偏見や差別が生まれにくい未来を創造するのである。

第4は、協働・共創である。人生で「働く」ことの占める時間的、精神的シェアは大きい。そのため外国人労働者にとっても安定した就労状況を獲得できる喜びは大きい。失踪者が問題視された技能実習制度だが、制度の成功例にも目を向けることが大切だ。28万人にも上る実習生の中には、日本語コンクールの発表で、日本を心から愛して感謝にあふれている姿を見せる者も多数いる。成人式、祭り、マラソンにも参画し、共創する主体でもある。技能実習制度は創設されてから30年あまりが経過し改善に改善が繰り返されており、帰国後のフォローアップも重視されるようになっている。

　確たる在留資格とこれらの4つの要因が、「安心の居場所」の本質と捉えることができる。

**共創価値を生み出す社会統合政策と多文化共創社会**
　日本においても、特にバブル崩壊後に顕在化したネオ・リベラリズム（新自由主義）の影響の拡大と、グローバルな経済的競争の中で格差を是認するような政治経済的潮流が現れた結果、社会福祉政策の抑制後退、「個人化」と競争結果への自己責任偏重など、家族の崩壊につながるような危機が現われている。このような自国中心主義や新自由主義の時代だからこそ、社会の亀裂を防ぐためにも多文化社会に創出された「安心の居場所」が分断を防ぐ効果を持つという認識が生まれる。これが社会統合政策への道に繋がる視座を拡げるのである。

　多様性に開かれた「安心の居場所」から「多文化共創」（Multicultural Synergy）の概念が浮上する。冒頭に述べたように多文化共創社会は、単に国籍重視の多文化共生や文化的多様性を尊重するだけではない。日本国籍をもつ人々の多様性にも着目し、多様な人びとを地域の構成員として積極的に協働・共創することにある。人権の概念を大切にし、異種混淆性に理解のある社会が、相互に幸福度の高い社会の構築に繋がる。日本人が外国人を管理・支援するという二項対立的な概念になりがちであった「多文化共生」から相互に敬意を払い、尊厳を認め合いながら、一人ひとりが自分の選択に応じた

生き方を実現できる多文化共創社会を目指すことが可能である。

2020年の国勢調査では、日本人の多様性を調査し表出する統計資料を作成しなければならない。「労働力」と「共生コスト」を天秤にかけるのではなく、協働・共創のパートナーとして捉え直してみると、国籍重視の政策から発想の転換ができる。自分自身をコミュニティの弱者と思い込んでいた外国人が、「私は地域の構成員であり市民である」という実質的市民意識に目覚めることが、多文化共創型まちづくりを可能にする源泉である。

## おわりに

人間関係が希薄になり、家族の縮小化と離散は、親密圏の崩壊を誘発してきた。離婚の増加、個人化、ネオ・リベラリズムによる自己責任といった社会は、家族の変容が顕著に現われる。「家庭＝安心の居場所」という家庭神話が崩れていくリスクを社会が抱えているのである。そのため日本政府も社会全体も、親密圏が、公共施設である図書館・博物館・公民館・日本語学校などにも重層的に広がっていることに光を当て「共創価値」を構築することは意味深い。

小論は、国家の安泰と人間の安全保障は、「安心の居場所」を通して重なり合う可能性を示唆している。図書館・日本語学校・難民事業本部・博物館・職場などが「安心の居場所」を創出し、多文化共創が息づいていることが分かる。人間の誕生から教育、就労、結婚、まちづくり、老後と弔いというライフサイクルを視野に収めた多文化共創の基盤となる。これによって多面的視座が日本における包括的な社会統合政策への内発的ビジョンに繋がる。

社会統合政策は、多文化共創の「安心の居場所」に培われる葛藤と気づきから創出される内発的なビジョンに支えられる。国籍別人口統計や街の表層からは可視化されにくい「安心の居場所」が、共創社会を創造し、社会の分断を防ぐ役割を担っていることは明らかだからだ。「安心の居場所」には、一人ひとりのハイブリッド性を認識しつつ、双方の幸福度を伸ばす力がある。

その想い出は、母国に帰った外国人の家族にも拡がり幸福の連鎖となる場合もあるだろう。

日本が「働きたい国」として注目されるには、トランスナショナルな接触領域の累積が、地域社会を強固にし、さらなる定住化を促してきた歴史を再確認することも重要である。協働・共創への投資、多大なエネルギーや共創コストが、次世代にどのように活かされるのかを見据えたうえで、それでも「安心の居場所」の創出が、人権の概念を人類共通の財産として次世代に引き継ぐ拠点であるという「共創価値」を見出すことが重要である。

「安心の居場所」は、内発的な社会統合政策への出発点であり、平成31年4月1日から施行される「出入国管理及び難民認定法及び法務省設置法の一部を改正する法律」を支える拠点である。

[参考文献]

アマルティア・セン著、東郷えりか訳（2006）『人間の安全保障』集英社新書
伊豫谷登士翁編（2007）『移動から場所を問う――現代移民研究の課題』有信堂
E. H. エリクソン著、村瀬孝雄、近藤邦夫訳『ライフサイクル、その完結』みすず書房
川村千鶴子編著（2008）『「移民国家日本」と多文化共生論――多文化都市・新宿の深層』明石書店
川村千鶴子編著（2012）『3.11後の多文化家族――未来を拓く人びと』明石書店
川村千鶴子編著（2014）『多文化社会の教育課題――学びの多様性と学習権の保障』明石書店
川村千鶴子（2015）『多文化都市・新宿の創造――ライフサイクルと生の保障』慶應義塾大学出版会
小泉康一、川村千鶴子編著（2016）『多文化「共創」社会入門――移民・難民とともに暮らし、互いに学ぶ社会へ』慶應義塾大学出版会
広瀬俊雄（1988）『シュタイナーの人間観と教育方法―幼児期から青年期まで』ミネルヴァ書房

# 第2章

# 地方都市部の社会教育ならびに施設における多文化共生活動

静岡県磐田市南御厨(みくり)地区を事例として

金塚 基

## はじめに

　日本の多文化共生にかかわる活動には、多くの施策・取組み事業が行われる一方、根強い差別・人権問題などが残される傾向や、施策の効果が特定の外国人の集団に集中し、その枠外の人々の存在が軽視されるといった批判も生じている。また、一口に多文化共生といっても実際の支援や取組み活動に対症療法的な状況もみられ、よって、その理念には一般化されていない側面もある。さらに、関連施策や活動内容に関しては、当然、各地域の属性等に基づく多様性や特性要因が多いため大きな差異があり、かつ、そうした取組みに対する地域住民の意識にも温度差が存在することが、スタンダードな多文化共生施策の実施に対する大きな障壁のひとつとされてきた。

　地域における非正規雇用の労働者を主体とする外国人家庭に共通する大きな問題のひとつは、家庭における貧困である。宮島喬（2013）によれば、これらの家庭の貧困問題を捉える際の視点として、時間的な貧困、社会関係的な貧困、教育機会の貧困という3つの貧困要因からアプローチすることが不可欠である。たとえ表面的には経済的な貧困の状態にはないとしても、長時

間労働による時間的な貧困や結果として地域社会との希薄なつながりという社会関係の貧困は、多くの外国人家庭にみられる家庭環境である。

　本章では、特定の地域・文化にかかわる外国人の集団が多く居住する地域ならびに社会教育施設における多文化共生の取組みを考察とすることを目的に、静岡県磐田市南御厨(みくり)地区を事例として、そのこれまでの活動経緯を取り上げて考察の対象とする。当該地区は多文化共生活動が評価され、自治会としては初めて総務省による2006年度の「地域づくり総務大臣表彰（国際化部門）」を受賞している。

　多種・多様な地域社会が存在するなかで、自治会組織ならびに社会教育施設を通じた活動の実態を捉えなおすことによって、多文化共生に対する地域ならびに関連施設の可能性について具体的に考察する。その上で、多文化共生にかかわる理念および地域社会における多文化共生の必要性について再確認したい。

## 1. 磐田市・南御厨地区の外国人住民の概況

　磐田市では、製造業を中心とする複数の大企業から多くの中小企業が存在するため、富士山の裾野のようにさらに多くの関連工場が広がって操業しており、リーマンショック前後までは浜松市に次いで県内2位の製造費出荷額であった。磐田市の外国人登録者数は、リーマンショック直前でピーク（2008年度：9885人）を迎え、ブラジルを中心とした外国人住民比率は5.5％まで達した。それ以降は毎年減少し、2011年に7259人、2013年では6049人となったが、再び増加して2018年には7509人となっている（磐田市役所HPより）。

　製造業が盛んな近隣の浜松市と同様に、外国人労働者の主な居住パターンとしては、①寮、②派遣会社の寮、③親元企業の寮、④公営住宅、以上の4つがある。そして、家族世帯の外国人家庭は、家賃の低い県営・公団住宅に居住する傾向が高いため、結果として公営住宅に世帯主が30～40歳代の外国人家庭が集住することになっていく。

11の自治会からなる磐田市南御厨地区の地区長によると、南御厨地区東新町の公団ならびに県営住宅を合わせて450世帯分が存在しているが、ピーク時にはそれら県営・公団住宅の全入居の半数近くを外国人（うち8割がブラジル人）が占めるに至った（2002年時点＝約850人）という。それまでの南御厨地区全体は、全住民1400世帯（約4000人）の地区であり、わずか数年で2割以上の地区住民が外国人住民となったことで、大きな混乱が生じた。それは例えば、深夜にいたるまでの騒音や散乱するゴミの問題、また、日本語でのコミュニケーションが困難であるといった、日本における多文化共生のプロセスにおいて他の地域でも共通している問題であったとされる。しかし、その人口割合の相対的な大きさから南御厨地区の住民は恐怖心をいだき、外国人を排斥する言動まで発生する状況であったという。

写真2−1　多文化交流センターの教室

図表2−1　静岡県磐田市の位置

## 2. 磐田市および南御厨地区における多文化共生活動の経緯

　2015年7月に実施した地区長、市議会議員（前公民館長）、多文化交流センター指導員、地域交流センター（前公民館）長、市役所市民活動推進課の方々からのヒアリングを踏まえた地域の多文化共生活動の経緯を、以下に紹介する（図表2-2参照）。

　南御厨地区では、2002年に以上のような外国人の問題について各自治会の全会長たちで協議したが依然として行政頼みの雰囲気であった。そこで当時の地区長は、県営・公団住宅の各自治会のすべての会合に出席し、月1回の頻度による11の自治会協議会を提案・説得し開催につなげた。また、協議会において地区内ブラジル人の通訳サポーター制度（ボランティア）を提案し、4名のサポーターを依頼することとなった。

　通訳を地域内のブラジル人のなかから選出した意図には、「顔の見られる関係づくり」という地区長の地域づくりに関する哲学があった。この通訳サポーターたちは「自治会サポート委員」と呼ばれ、地域内のブラジル人に対する連絡・調整に欠かせない役割を担っていくのである。楽しく居住生活をおくるために協力を求めたことに賛同してくれたのがサポーターであり、このことが地域行事への参加を促すきっかけになる。

　例えば、ごみ出しルールの遵守をいかに進めていくかという課題に関して、地域住民ではなく、行政にサポートを依頼することが筋だと反論があった。しかし、地区長の呼びかけで2003年度から南御厨では、外国人に対するごみ出し研修を徹底するため、自治会サポート委員の力を借りて研修会参加へのハンドマイクを使っての伝達や出欠確認により研修を完遂した。また、同様に通訳を介して防災訓練会やその他の地域行事への参加よびかけも行っている。防災訓練では、全体での挨拶や説明に際して日本語による発話に続けてポルトガル語での通訳を実施したが、長時間に及ぶために当初はクレームの声が挙がったという。しかし、2～3年目も同様に行っていくと常態化してクレームは消滅したという。つまり、通訳が「恒例行事」化したのである。

またその頃、外国人集住地域に隣接する地区内の小学校では、当時すでに文科省の支援事業を実施しており、外国人児童に対する特別な授業体制が敷かれていた。ところが、外国人の児童が日本語の不慣れなことで学校の宿題ができず、そのため不登校になる確率が高くなっていると判断した地区長は、この問題を自治会協議会で提起した。結果的に地区長が市行政に働きかけることによって、地区内の集会所に対応にあたる教員OBを派遣してもらう多文化センターが発足するのである。

　そして2004年度に、「多文化交流子育て支援センター」が磐田市内の2カ所に開設され、そのひとつが南御厨地区に置かれて市が教員経験者を派遣し、主に外国人の子どもの補習が実施されるようになった。南御厨地区の多文化交流センター施設は、地区長の尽力により設置場所が非常に良いため、日本人の子どもの利用も1割程度あり、開設当初年度はさらに多くの日本人の子どもも利用していたという。特に日本人の子どもの場合は学童保育として利用する親が多いためである。

　その後、2006年度より「多文化交流センター」として専用施設となっていく。市行政によれば、集住地区での子どもの不就学が増加して親が把握していないような状況から、ボランティアスタッフ（有償）の運営で小学校との連絡を密にとれる状況になったという。つまり、子どもたちが学校だけではなく、地域でも日本人の子どもを交えて交流できる補習教室が開設され、さらに、日本人とブラジル人保護者との交流機会を同時に広げることができるようになったのである。この交流センターでは、補習の他に、地元ボランティアによる折り紙教室や凧作り、もちつき大会や地域文化祭への出演まで、勉強と遊びを通じた交流を促進し、多くの外国人住民の子どもが利用するようになっている。

　また、2006年度には「磐田市多文化共生推進プラン」が策定された。その素案には、2004年度より発足した市民の声を代弁する自治会、企業、商工会議所、学校、保育園、警察署、労働基準監督署のメンバーからなる「多文化共生社会推進協議会」が大きく関与しており、ワークショップ的な雰

図表2-2　磐田市／南御厨地区での多文化共生活動

| 時期 | 磐田市における<br>多文化共生施策の概要 | 南御厨地区・施設での取組み |
|---|---|---|
| 2002<br>年度 | | ● ごみ等の環境問題が発生し、自治会から行政に陳情したが多文化共生支援係自体が存在せず（＝新たに創設（2003年度～）されるきっかけ）<br>● 合同自治会協議会の開催<br>● ブラジル人通訳サポーター（自治会サポート委員）の選出 |
| 2003<br>年度 | ● 共生社会推進室の設置<br>＝専門部署が設置され多文化共生に関する取組みの開始<br>※ 2004年度より「共生社会推進課」＝外国人住民対応／関連施策の総合的調整・推進 | ● サポート委員による通訳を介しての宣伝カー・ハンドマイクを使ってのゴミ出し研修会・防災訓練参加への宣伝・出欠確認 |
| 2004<br>年度 | ● 「多文化共生社会推進協議会」の設置<br>提言書の提出により「外国人情報相談窓口」（2006年度～）の開設<br>● 「多文化交流子育て支援センター事業」の開始<br>＝多文化交流子育て支援センター（市内2か所）の開設<br>※ 2006年度より「多文化交流センター」 | ● 外国人の子どもたちが学校だけではなく地域で勉強し、日本人の子どもを交えて交流できる多文化交流センターの開設＝同時に日本人とブラジル人保護者との交流機会が拡大 |
| 2006<br>年度 | ● 外国人情報窓口の開設（保険・税金・教育制度ならびに日本の生活規則・習慣の案内）<br>● 「磐田市多文化共生推進プラン」策定<br>● 総務省の「地域における多文化共生推進プラン」を受け、81の具体的な施策を設定 | ● 「通学合宿」の開始<br>● 表彰受賞に対するコメント：<br>全国的にみても急激なブラジル人の移住地域であり、かつ、はじめての取組み事例が多かったので評判が広がっていったと思う（市担当者）<br>地域の力による地域づくりによって、活動が推進されていくものである。すでに13年前から自治会が中心となって地域づくりを進めてきた成果（市議員）<br>外国人問題は大きな地域問題だが地域づくりの一環である（地区長） |

第2章　地方都市部の社会教育ならびに施設における多文化共生活動

| | | |
|---|---|---|
| 2006年度 | ● 総務省の「地域における多文化共生推進プラン」を受け、81の具体的な施策を設定<br>● 南御厨地区総務大臣表彰受賞（2007年3月）<br>※ 地縁組織である自治体として初めて「地域づくり総務大臣表彰（国際化部門）」を受賞 | 多文化共生を含めて地域づくりには、市行政に働きかけるために地域の合意を必要とする。そのためには汗をかいて地域の同意を得られるように尽力することが肝要（地区長）<br>地域にとって重要な要素は、たとえ一時的に反対の声が上がったとしても、すぐに取りやめるようなことはせず、継続していく（地区長）<br>高齢者クラブで折り紙を覚えた人たちが、子どもたちに折り紙を教えるといったボランティア活動のなかで成立した地域間での共同意識、ネットワークというものが、新たな多文化共生の活動目標にも影響を及ぼしている（センター長）<br>地域におけるブラジル人との交流に際しては、子どもの行事からスタートして保護者とのかかわりを形成する方法が適切であった。顔の見える関係づくりには、まず子どもからということがセオリーであった（市議員）<br>地域における日本人との交流によって地域生活に馴染んでもらう以外、共生の方法はなかった（市議員） |
| 2008年度 | ※ 世界的経済危機<br>● 「いわしんバモス日本語！」（於 南御厨公民館）開設 | ● 履歴書作成方法の指導、職安・面接会場（於 バモス日本語！）<br>● ボランティア日本語おしゃべりプログラムの設定（同上） |
| 今後の展望と課題 | ● 市担当者から：<br>地域の変化（多文化化）が激しい一方、市民の自覚は低い<br>多様化・居住地域の分散からブラジル人に対する行政サービスとその他集団との差ができてしまう | リーマンショック後に地域住民と関係を形成できた外国人住民が帰国して新規外国人が増えた<br>地域の力に限界があり、より根源的な行政における支援が必要 |

※　金塚基（2016）「外国人家庭に対する地域の多文化共生取組事例に関する一考察」日本比較文化学会関東支部『交錯する比較文化学——日本比較文化学会関東支部30周年記念論集』開文社出版、81-84頁より編集

囲気のなかで出された多くの意見の集約がプランに取り込まれたという。すでに当該協議会では、市役所における外国人情報窓口の開設が市長に提言され、当年度に開設されている。プラン作成にかかわった池上（2009）によれば、「静岡県で他都市に先駆けられたのは活発な協議会による点が大きいといえるが、それ以前に外国人集住地区での外国人を巻き込んだ自治会活動や小学校での取り組みによる影響が大きいのではないか」としており、暗に南御厨地区における活動が評価されているといえる。

　さらに、同年度から「通学合宿」と呼ばれる南御厨地区独自の教育事業が毎年6月に南御厨公民館（現地域交流センター）にて開催されるようになった。これは、地区在住の小学4～6年生を対象とした3日間のイベント合宿を行うもの（宿題タイム／温水プール／3.11ビデオ放映／炊き出し夕食づくり訓練／キャンプファイヤー／もらい湯／清掃／記念フラッグ・非常食づくりなど）であるが、60名の中学生ボランティアを含めて延べ120名以上の参加がある。子どもたちの交流事業になるだけでなく保護者同士の交流機会が兼ねられているため、そこで自然体のつき合いが可能となる。地域住民と外国人住民との顔の見える関係ができるような地域独自の共生活動が実践されることにより、日本人／外国人の区別なく地域の行事に参加していくなかで住民に多文化であることを認識してもらい、かつ、それが自然の状況であるような環境を醸成するものであるという。

　総務大臣賞表彰直後のリーマンショックが起こった2008年度には、地域・行政・企業の連携で運営されたブラジル人向け日本語教室（いわしんバモス日本語！）が開催された。これは、外国人失業者が多発したことにより南御厨自治会・公民館（地域交流センター）・行政とで臨時相談会を開催した結果、日本で働き続けたいというブラジル人失業者のための再就職に必要な日本語の習得を目指したものであった。磐田信用金庫がスポンサーとなり、南御厨公民館（地域）、行政の三者による日本語教室の運営であり、履歴書作成方法の指導、職安や面接会場にもなった。また、地域有志によるおしゃべりボランティアの協力により、演習といえる日本語のおしゃべり時間が直ちに設

けられたが、ボランティアの人たちは以前からサークルなどで形成されてきたネットワーク集団であったため、即時設置が可能であったという。

なお、今後の多文化共生事業への展望・課題に対して市役所担当者からは「30年前と比べて地域の変化（多文化化）は激しく感じられるが、まだそれに気づいていない市民も多い」、「近年のフィリピン関係者は、企業技能研修、配偶者、戦前からの日系人など多様であり、一律対応が困難」、「居住地域も分散しており地域的に一括りすることは難しく、ブラジル人に対する行政サービスとの差ができてしまう」といったコメントがあった。

一方、南御厨地区関係者からは「リーマンショック後に地域住民と関係を形成できた外国人住民が帰国し、新規外国人に転換してしまったのでふり出しに戻ってしまった感がある」、「ブラジル人支援のみではなく、その他の国の人々もいるので現時点では支援内容に大きな偏りがあるが、これを平準化していく地域の力には限界があり、より根源的な行政における支援が必要となってくる」といった声が挙げられた。住民と行政との連携活動が早急な課題となっていることがあらわれているといえよう。

## 3．南御厨地区のアンケート調査結果

さて、南御厨地区の東新町団地ではこのような多文化共生活動のプロセスを経た上で、池上（2016）により2014年度に地域住民（日本人ならびに外国人）に対する多文化共生施策ならびに生活状況に関するアンケート調査が実施されている。なお、当該アンケート調査は報告書としてインターネット上から閲覧することが可能である。

このうち、外国人住民による日本人とのつきあいの程度に関する回答割合をみてみると、「まったくつきあいはない」（1.6%）、「あいさつをする程度」（57.4%）、「ときどき立ち話をする程度」（34.7%）である。反対に、日本人住民の回答者による外国人住民とのつきあいの程度に関する回答割合によると、「まったくつきあいはない」（21.0%）とされる一方、「あいさつをする程度」

（53.7％）、「ときどき立ち話をする程度」（14.4％）となっており、二極化を感じさせる結果となっている。相互間に若干のずれは生じているものの、日常的にあいさつを交わせる比較的良好な社会関係が築かれていると判断できる。

つぎに、地域で開催されている行事やイベントへの参加について、「参加したことがある」回答が高い順に、「ごみひろい」（63.2％）、「草刈」（40.5％）、「自治会の会合」（40.0％）、「地域防災訓練」（38.4％）となっており、頻度のほどは不明であるが、何らかの行事には参加している外国人が多いと考えられる。おそらく外からは、外国人と日本人の住民がうちとけて生活しているように見えるであろう。

一方、生活上の情報の入手に関する質問回答であるが、「同じ国籍の友人からの情報」（47.9％）であるのに対し、「日本人の友人からの情報」（16.8％）と差がある。これは、表面的に良好な人間関係を築いているようにみえたとしても、実際の信頼関係を築くまでには至っていないことのあらわれと考えることもできる。日本社会での生活情報であれば、一般的には、日本人から多くの情報を入手することが妥当だからである。また、子どものいる外国人家庭向けのアンケート結果によると、子どもの学校のPTAに参加したことがある保護者は一定割合（47.1％）いるが、日本の学校の習慣やルールの入手先は「同国人の知り合い」（38.4％）に対して、「日本人の知り合い」（8.1％）となっている。言葉による壁の影響もあるのだろうが、それだけとは考えにくい。

例えば、子どもが放課後に遊ぶ相手として、「同国人の同級生・友達」（31.3％）となっているが、「日本人の同級生・友達」（21.7％）であり、同級生・友達の多くを占めているはずの日本人の方が放課後の遊び相手としてより少なくなっている。外国人家庭の社会関係には、高い割合で同国人のネットワークが構築され続けていることがわかる。

## おわりに

　本章では、静岡県磐田市南御厨地区の自治会組織ならびに社会教育施設を通じた具体的な活動の実態を振り返り、多文化共生に対する地域・関連施設の可能性について考察してきた。ひとつの見解としては、社会教育施設の利用およびその新設を含め、自治会地区長の卓越したリーダーシップならびに地域住民の積極的な活動によって、多くの地域住民の生活の再生産が可能となっている面が大きいといえるだろう。確かに、アンケート調査結果にみられるように、日本人と外国人住民とが分け隔てなく信頼関係でつながれるようになったわけではないが、こうした数々の自主的な共生活動なくしては、南御厨地区の維持・発展があり得なかったのも事実である。

　ではなぜ、地域においてこのように大変な活動が必要とされるのか。冒頭で示したように、外国人家庭の多くが有する３つの要因（時間／社会関係／教育機会）からなる貧困問題は、日本人家庭の貧困の問題と同様であり、その困難の打開策の根底には多くの共通点がある。つまり、南御厨地区における多文化共生活動を支える理念は、ただ外国人住民を対象としているわけではなく、住民全体に向けられた理念のあらわれの一端にすぎないといえる。

　外国人住民との多文化共生が課題とされる場合、その課題に対する大きな施策としては、地域における生活ネットワークに根づいた活動を通じた複層的な資本形成の課題として捉えられる。例えば、就労の継続性の困難に伴う経済的な貧困は、金銭的な支援のみで解決されるものではなく、教育、健康、社会関係、その他多面的な貧困（＝社会的排除）の問題であり、生活の多面的・動態的な過程から生じる貧困である。だとすれば、そのような施策活動の対象集団とは、外国人である・ないにかかわらず、何らかの貧困に陥る潜在的可能性を有する人々なら誰でも、つまり、ほぼ大半の住民が該当することになる。

　多文化共生とは、地域住民全体の共生活動の一環であり、それは社会包摂的な支援の一側面である。そうであれば、共生活動の盛んな地域においてこ

そ、多文化共生のみならず将来的な地域の発展が見込まれるといえる。

［参考文献］
池上重弘（2009）「自治体における多文化共生推進プランのつくり方──静岡県磐田市の事例を参考に」『国際文化研修2009冬』vol. 62
池上重弘、上田ナンシー直美（2016）『磐田市東新町団地の生活状況をめぐる調査の詳細分析報告書（資料編）』静岡文化芸術大学
金塚基（2016）「外国人家庭に対する地域の多文化共生取組事例に関する一考察」日本比較文化学会関東支部『交錯する比較文化学──日本比較文化学会関東支部30周年記念論集』開文社出版
宮島喬（2013）「外国人の子どもにみる三重の剥奪状態」『大原社会問題研究所雑誌』No. 657

# 第Ⅱ部

## 居場所としての公民館

# 第3章

# 多文化社会における公民館の役割
# 難民申請者と地域住民の交流

埼玉県川口市の住民の取り組みを事例に

土田 千愛

## はじめに

**公民館誕生の背景**

　公民館は、終戦直後に平和国家の建設を目指し、国民主権を謳った現行の日本国憲法が誕生するのと同時代に誕生した。1945年に当時の文部省内で公民館についての構想が出されたのを機に、翌年には当時の文部省社会教育局長が「公民館の建設――新しい町村の文化施設」を発表し、後の公民館建設の礎を築いた。その冒頭では、終戦直後の日本の有り様を「荒涼」や「索漠」と表現し、一椀の食を求め疲弊している人々の姿を憂いている。そのような時代背景を受け、日本の民主政治を進める一環として、人々が自発的に平等な立場で修養に励み、郷土の生活を豊かにするための教養施設として公民館は全国に建設されることになった。公民館における「公民」とは、法律上の国民の定義とも異なり、いかなる差別も区別もない広義の意味で捉えられている[*1]。公民館はあらゆる人々の自主性を重んじ、幅広い教養の涵養に

---

＊1　寺中作雄（1946）『公民館の建設――新しい町村の文化施設』公民館協会、10頁

励むために集う場所として構想されたのだ。

**社会教育と現代的課題**

　公民館も社会教育施設のひとつである。社会教育法第2条では社会教育とは「学校の教育課程として行われる教育活動を除き、主として青少年及び成人に対して行われる組織的な教育活動」とされている。社会教育の在り方は時代の変化に伴い見直され、現代的課題に対応した学習機会の拡充が図られてきた。とりわけ、人々が個人、地域社会、国際社会など多角的な視点から現代的課題に対して認識を高め、自ら学習し、課題解決を検討する姿勢が求められている。現代的課題は、社会や人々の生活の変化に応じて流動的であることから、地域の実情に照らして、常に研究する必要性も述べられてきた[*2]。国際化に伴う社会の変化とは、日本国内でも広がりつつある地域社会の変容をも含意していると解釈する。したがって、公民館は地域社会で起きている変化へも目を向け、地域における国際化の中で様々なニーズに応えることが重要である。

**先行研究の整理と本章の方向性**

　公民館に関する先行研究は（生涯）学習論を中心に進められ、公民館の行政政策の変遷や現代社会が直面する課題と解決策を提示する形で公民館の在り方が問われてきた。だが、公民館で実施される事業と先行研究が主な対象としてきたのは日本人の子ども、高齢者、女性である。さらに、そうした事例研究の多くは、公民館が主催する事業に焦点があてられてきた。したがって、これらの点から、まず前者に関して国際化が進む現代において、地域の在留外国人については十分に論じられてこなかったことが言える。また後者に関して、真の意味で住民自治を検討するのであれば、公民館主導にこだわ

---

[*2] 生涯学習審議会（1992）「『今後の社会の動向に対応した生涯学習の振興方策について（答申）』の送付について」

らず住民の自発的な活動こそ、研究対象とすべきだと考える。そこで本章では、川口市立芝公民館を舞台としたトルコ国籍クルド人の難民申請者の公民館での取り組みに焦点をあて、地域社会の変容と彼らの活動から公民館の役割を考察することで新たな視座を提供する。

調査方法としては文献調査に加え、事例に関して川口市生涯学習課、「一般社団法人日本クルド文化協会」、そしてクルド人住民による活動拠点である川口市立芝公民館、「クルド文化教室」、「クルド日本語教室」に対して聞き取り調査を行った*3。聞き取り調査では、調査協力者に対し、あらかじめ研究目的を説明し調査倫理及びプライバシー保護の約束を行ったうえで実施し、記録内容は調査後にも確認を重ね、同意の得られた範囲で記述する。

## 1．川口市に在留するトルコ国籍クルド人難民申請者の実態

### 在留外国人にみる川口市の地域性

法務省発表の都道府県別在留外国人数の統計によると、2017年12月末の時点で埼玉県は全国で5番目に在留外国人が多い。埼玉県内における国籍別の統計によると、在留外国人のうちトルコ国籍者の数は第14位である。都道府県別・国籍・地域別在留外国人数の統計によると、埼玉県内におけるトルコ国籍在留者は1606名である*4。彼らの多くは、蕨駅を最寄りとする川口市や蕨市に在留している。具体的にトルコ国籍者の統計を示すと、2018年1月の時点で川口市には1329名、隣接する蕨市には62名いる*5。

こうしたトルコ国籍者の多くはクルド人と言われている。クルド人とは、

---

＊3　関係諸機関・団体への聞き取り調査実施状況は以下の通りである。「川口市生涯学習課」電話にて（2018年6月28日及び9月26日）、「一般社団法人日本クルド文化協会」メールにて（2018年9月6日）、「川口市芝公民館」電話にて（2018年6月17日）、「クルド文化教室」対面での聞き取りにて（2018年7月19日）、「クルド日本語教室」対面での聞き取りにて（2018年7月30日）

＊4　法務省「在留外国人統計（旧登録外国人統計）統計表」

第Ⅱ部　居場所としての公民館

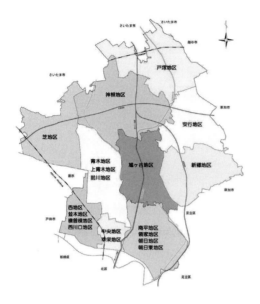

図表3－1　川口市地区別概略図*6

トルコ、イラン、イラク、シリアの4カ国にまたがる「クルディスタン」と呼ばれる山岳地帯に居住している民族だ。彼らは言語、音楽など独自の文化を有するが、20世紀前半に始まる国家形成過程で文化的に同化を迫られてきた歴史から世界各地に離散した者も多く、「独自の国を持たない世界最大の民族」と称される。主な移住先だった西欧諸国は90年以降、入国管理政策を厳格化した。これを機に新たな移住先を求め、90年代半ばから日本へ移住する者が増えてきた。

「一般社団法人日本クルド文化協会」に尋ねたところ、川口市周辺地域だけでも約2000名のクルド人が在留しているという*7。イラン、イラク、シリア出身のクルド人も僅かながらいるが、ほとんどがトルコ出身者だ。川口市を中心としたクルド人在留地域は、彼らの出身地域である「クルディスタン」と彼らの日本での生活上の最寄り駅である蕨駅にちなみ「ワラビスタン」という名が生まれてきた。この呼称はクルド系のメディアでも取りあげられ、

---

*5　企画経営課統計係（2018）「川口市統計書 第2章 人口22 表国籍別・外国人住民数／川口市ホームページ」、蕨市市民生活部市民課記録係によるメールでの回答より（2018年8月30日受信）
*6　川口市自治振興会（2018）「町会・自治会の一覧について／川口市ホームページ」
*7　「一般社団法人日本クルド文化協会」代表によるメールでの回答より（2018年9月6日）

インターネットを通じて海外在住のクルド人の間でも広まっている。それと同時に家族や親族、友人を頼りに日本へ移住する者は後を絶たない。また、日本へ移住したトルコ国籍クルド人はその後も在留期間が長くなれば長くなるほど結婚や新たな出生を受け、生活の基盤を「ワラビスタン」に築いている。こうしてトルコ国籍クルド人の人口は増加の一途をたどっている。そして、彼らの大多数が難民申請を行っていると言われている[*8]。トルコ国籍クルド人の多くは特に川口市の西に位置する芝地区に居住していると言われている。

**難民申請と法的地位**

　トルコ国籍者による難民申請数も年々増加している。難民として認定されれば、「定住者」の在留資格が与えられ、6カ月間の日本語教育を始め、国民健康保険への加入など公的サービスが受けられる。しかしながら、トルコ国籍者が難民として認定されたことは過去に一度もなく、行政からの公的サービスを享受できない状況にある。トルコ国籍の難民申請者の中でも、川口市に在留するクルド人の多くは、法的に非常に不安定なステータスの状態で地域での生活を余儀なくされる傾向が強い。実際に在留期間が長期化し、難民申請を繰り返して在留している者ほど、公的サービスを受けられないまま孤立してしまうケースが多い。その背景を理解するために、関連する難民認定制度について簡単に概説する。

　現行の難民認定制度では、在留資格の有無にかかわらず、難民申請を行うことができる。正規の在留資格がある状態で最初の難民申請を行うと、その半年後から6カ月間の在留が認められる「特定活動」という、より安定した在留資格への切り替えが可能だ。一方で、難民申請が却下され、幾度か難民申請を行っているうちにステータスが不安定になる者も多い。その中で「仮

---

＊8　朝日新聞社（2008年5月9日）「異文化の風　埼玉に生きる外国人 11──難民申請クルド人家族の明と暗／埼玉県」『朝日新聞』朝刊

滞在」が許可された者は、原則6カ月間の在留が認められるが、住居の指定や居住地域から外への移動範囲の制限などが課される。同様の制限のもと生活している難民申請者の中で極めて不安定なステータスであるのが「仮放免」を1カ月または3カ月の期間許可された者である。

**川口市のトルコ国籍クルド人の難民申請者の現状**

　川口市に在留するトルコ国籍クルド人の難民申請者数は、「ワラビスタン」の人口増加と密接に関係していると言える。なぜなら、新たな移住者や出生を迎えるにつれ、難民申請を促す動きがみられるからだ。一度、難民申請が却下されたとしても再度、難民申請を行いながら川口市で生活している者の中には、年齢や性別に関係なく在留中のステータスが「仮放免」になる者も少なくない。彼らには1カ月もしくは3カ月おきに入国管理局へ出頭する義務がある。そうした状態に置かれながら幼少期を過ごし、学生生活を送り、中には20年以上も生活している者もいる。

　地域社会では、住民が日常的に街中で彼らを見かけたり、すれ違ったりはするものの、彼らが何者であり、どういう状況にあるかまでは知られてこなかった。クルド人住民は日本語でのコミュニケーションが難しいこともあり、日本人住民との接点も限られてきた。そのため、同じ民族同士で助け合って生活するしかなく、地域社会に存在しているにもかかわらず、孤立している状況がある。

## 2．川口市における公民館

**川口市の地理的概要と公民館利用**

　彼らの居住する川口市は埼玉県の南端に位置しており、蕨市、さいたま市、越谷市などに隣接し、さいたま市に次ぐ県内の人口第2位を誇る街である[*9]。

---

＊9　埼玉県総務部統計課（2018）「埼玉県推計人口／埼玉県ホームページ」

川口市のホームページによれば、市内は19の地区に分かれており、231の町会・自治会がある。市内には33の公民館が存在しており、地域住民の自主的な学習や文化活動を推進している。公民館では、公民館が独自に企画・運営している生涯学習事業のほか、約2000の社会教育団体が自主的に開催している事業も提供されている。したがって、川口市の公民館数や社会教育団体数をみただけでも公民館の運営に力を入れていることが分かる。それでは、外国人住民にとっても公民館が開かれたものになっているのかどうか、公民館の利用と公民館主催の事業について検討してみる。

まず、利用する場合は、単発事業用の「ゲスト利用」と定期的に利用する場合の団体登録の2種類がある。団体登録の条件は5名以上のメンバーから構成され、成人の市内在住の代表者を含むメンバーの8割以上が市内在住であることが掲げられている。さらに、芝公民館への聞き取りから「公民館は社会教育施設なので、（活動の内容が）クルド人だけでなく、地域の社会教育に役立つように、他の（日本人の）参加者もいるなら団体名で部屋を予約できる。団体名を聞いて、その団体がちゃんと存在しているのかを調べて許可している。」という回答があった。団体登録に関して、公民館側はその団体の活動目的が営利などの目的ではなく、公民館の提供する社会教育に適っているのかどうかや、団体が市内に実在するのかどうかを注視しているようだ。加えて、芝公民館への聞き取り調査から、団体利用登録の際、利用者は市内の住民であれば、必ずしも日本国籍者である必要はないことが分かった。これは、外国人住民にも公民館利用の機会が開かれているものだと言える。特に、難民申請者にとってその意義は大きい。

**公民館が主催する事業**

公民館の役割は、希薄化する家族や地域住民の関係性など地域の実情に応じて、地域住民に対し学校教育とは異なる幅広い学習権を保障するものでなければならない。その点を踏まえ、事例として芝公民館が展開している事業を整理し、その特徴を論じる。

図表3−2 「学級講座」一覧 *10

| 分類 | 講座名 | 内容 | 期間 | 回数 | 対象 | 定員 |
|---|---|---|---|---|---|---|
| その他・趣味・教養に関する講座 | 防災講座 | 健康育児に関すること | 1月 | 1回 | 一般男女 | 30人 |
| 家庭教育・子育てに関する教室・講座 | はじめての育児教室 | 乳児と親のかかわり方 | 5〜3月 | 6回 | 乳幼児を持つ親 | 20組 |
| ものづくり教室等 | 子供工作教室 | 身近な道具を使った工作 | 4〜3月 | 10回 | 小学生 | 20人 |
| 子どもの居場所学習事業 | お話のよみきかせ | 友達を作ろう | 4〜3月 | 24回 | 小学生 | 10人 |

　まず、芝公民館主催の「学級講座」は、図表3−2の通りである。

　芝公民館主催の「学級講座」では、一般対象2種類（うち1種類は乳幼児を持つ親に限定）、子ども（小学生）対象2種類の合計4種類の講座が開講されている。「防災講座」や「育児教室」は住民同士の連携を強め、子どもを対象とした講座は、学校教育を超えて教養を深め、世代を超えた関わり合いのきっかけとなるだろう。

　次に、芝公民館主催の「サークル活動」を取りあげる。

　図表3−3から文化関係、スポーツ関係において、共通の趣味や娯楽を通じて世代の縦、横の交流が活発化しそうな多種多様なサークル活動が行われていることが分かった。

　これらの事業は、決して日本人住民のみを対象としているわけではないため、広く開かれている。しかしながら、これらの事業の参加者について川口市生涯学習課に尋ねたところ、「外国人の大人の参加はない」という返答があった*11。参加者が日本人住民に偏っていることが、結果的に公民館主催の事業を閉鎖的にしてしまっているのではないかという懸念が残る。また、芝

---

＊10　川口市生涯学習課（2018）「平成30年度生涯学習情報誌「みらい」学級講座一覧　社会教育施設はみんなの学習の場！」を参照し、筆者作成
＊11　川口市生涯学習課生涯学習係への電話インタビューでの回答より（2018年6月28日）

図表3−3 「サークル活動」*13

| 参照 | 内容 |
|---|---|
| 「平成30年度社会教育施設活動団体（文化関係）一覧表①」より | 油絵、囲碁、英会話（子ども）、絵手紙、歌謡、カラオケ、ギター |
| 「平成30年度社会教育施設活動団体（文化関係）一覧表②」より | コーラス、詩吟、写真、食生活改善推進員協議会、書道、スクラップブッキング、生花、大正琴、ちぎり絵 |
| 「平成30年度社会教育施設活動団体（文化関係）一覧表③」より | 読書、俳句、舞踊、盆栽、和裁 |
| 「平成30年度社会教育施設活動団体（スポーツ関係）一覧表①」より | 空手、空手（子ども）、健康体操、社交ダンス、社交ダンス（子ども）、ストレッチ体操、3B体操、太極拳、卓球 |
| 「平成30年度社会教育施設活動団体（スポーツ関係）一覧表②」より | フラダンス、民謡、モダンバレエ（子ども）、リズム体操 |

　公民館主催の事業をみる限り、外国人住民のみを対象にしたものや、外国人住民と日本人住民の相互理解に特化したような事業はみられない*12。だが、芝公民館の置かれた地域性とそこで生活する住民の特異性に着目すると新たな課題がみえてくる。

## 3．難民申請者と地域住民との文化交流の事例

　安心とは程遠い生活を送る難民申請者の住民にとって重要な「安心の居場所」となっているのが、主な活動拠点である芝公民館だ。芝公民館では、特に女性のトルコ国籍クルド人の難民申請者が主体となり、自主的に地域住民との文化交流が展開されている。そこでは、主に2つの団体によって3つの

---

＊12　国籍という概念や在留資格の規定などで細かく分類せず、本稿では日本人住民と相対的に「外国人住民」という用語を用いる。
＊13　川口市生涯学習課（2018）「平成30年度公民館活動団体一覧」を参照し、筆者作成

活動が行われている。本節では各活動の参与観察とそれぞれの団体の主催者である日本人住民に対する聞き取り調査をもとに、活動の紹介とその実態について述べる。

### 「クルド文化教室」

　1つ目の団体は「クルド文化教室」である。「クルド文化教室」は、トルコ国籍クルド人女性と、民生委員とNPOの職員を務める日本人女性が主体となり運営している。クルド人住民と近隣住民との親睦が団体の活動目的であるため、公民館で団体登録をする際に（日本人の名前だけでなく）実際に活動するクルド人の名前も入れるように促され、総勢20名で2017年9月より正式に定期的に活動するようになった。主な活動は、「クルド料理教室」と「クルド手芸教室」の2つだ。

　「クルド料理教室」は、2カ月に一度奇数月の第4土曜日に開催されており、デザートを含め6品のクルド人の家庭料理を学びながら交流する機会を提供している。1回の参加費は2500円（食材費等）で毎回、25名の参加者を募っている。主催者側には日本語が比較的流暢なクルド人女性が多い。そのため、料理を作って味わうだけでなく、クルドの音楽や踊りなど文化を紹介する時間も設けているそうだ。参加者は、近隣住民よりも遠方から訪れたクルドや難民に興味を持っている人やジャーナリストの人が多いという。口コミで微増はしているが、近所に暮らしている住民の参加はあまりみられないそうだ。毎回、SNSを通して案内を出すものの、SNSをみる住民は少ないという。しかし、日本人の参加者で継続的に参加している人は、要領が分かるのでサポートしてくれることもあるそうだ。

　「クルド手芸教室」は、公民館では「クルド料理教室」を開催しない偶数月の第4土曜日に開催されている。現地から取り寄せた細い糸を用い、クルド人女性の伝統的な花嫁修業でもある「オヤ（oya）」と呼ばれる編み物でアクセサリーを作る。1回1500円（材料費等）の参加費で、毎回6名の参加者を募っている。編み物をした後は、講師の2名のクルド人女性が手作りした

クルドのお菓子を堪能しながら団らんする時間も設けられている。講師の2名のクルド人女性は他のクルド人女性よりも手芸が得意だが、日本語は不自由だという。しかしながら、参加者の日本人の多くは手芸を趣味としている近隣に住む主婦層が多いため、共通の趣味を通して、日本語と

写真3-1　オヤ (oya) *14

トルコ語での会話とまではいかなくとも単語を通して笑い声も増えているそうだ。また、講師の1人は「クルド手芸教室」での日本人との交流をきっかけとして、「クルド日本語教室」に通い、日本語を学ぶようになったという。

**「クルド日本語教室」**

　2つ目の団体は、「クルド日本語教室」である。主体的に活動している日本語講師の女性は、地域で生活するクルド人の中でも特に女性を対象にして、2015年10月に「一般社団法人日本クルド文化協会」の事務所を会場に教室を開いた*15。2016年度からは講師と親しいクルド人女性の自宅の中間地点である芝公民館を活動拠点とし、毎週土曜日に継続的に活動を展開している。安価で利便性の高い立地が活動拠点に選ばれた理由のひとつでもある。「当初から無料で行うという気はなく、最初は参加人数に関係なく、場所代、コピー代として（毎回）1家庭50円の参加費を徴収していたが、今は100円に

---

* 14　2018年7月24日開催の「クルド手芸教室」に筆者が参加した際に制作した作品（筆者撮影）
* 15　トルコ国籍クルド人男性向けの日本語教室は女性向けの「クルド日本語教室」とは別に、「一般社団法人日本クルド文化協会」にて過去に4回ほど開かれたが、参加者の継続的な参加が困難となり、現在は行われていないそうだ。

している」そうだ。最初の2カ月間は毎週公民館の予約を取っていたが、定期的に使用するため、日本人2名とクルド人5名の合計7名で団体登録して利用したという。参加人数は「天候によってバラつきがあるが、日本人は3～10名、クルド人の大人の女性は5名、クルド人の子どもが10名くらい」だそう。講師は全てボランティアであり、基本的には彼女を中心に教室を運営しているが、日本人の大人の参加者には地域の人や遠方からの大学生や大学院生もいるという。日本人の参加者が流動的であるため、毎回終了後には日本人講師だけでミーティングを行い、情報を交換して全体を把握しているそうだ。

また、「クルド日本語教室」はクルド人女性が日本語を学ぶ場であるだけでなく、彼女たちの子どもたちに対する学習支援の機能も担っている。会議室の中では、女性たちが日本語を学ぶ傍ら、日本人教師のサポートを受けながら学校の宿題を進める子どもたちの姿がみられる。「あそこ(クルド日本語教室)に行くと、子どもの宿題を見てくれるよ」という口コミがクルド人の間で少しずつ広まり、新たな参加者が増えてきたそうだ。子どもたちの参加によって、母親が自分の子どもの学習到達度や課題を把握する機会となっているうえに、子どもたちは公民館の利用を通して自宅では学べない常識や生活上のルールを学ぶ機会となっている面もあるようだ。


## おわりに

本章では、公民館の役割を概説した後、法的に脆弱な立場に置かれる難民申請者が、地域社会の構成員として集住している実態を取りあげた。難民申請者の集住は、国際化に伴う地域の変容のひとつの形態であるが、これまで見落とされてきた向きがある。行政による公的サービスを受けられない彼らこそ、地域に「安心の居場所」が必要であるにもかかわらず、地域社会では難民申請者の存在は知られていない。しかし、芝公民館の事例では、地域で孤立しやすい難民申請者は、キーマンとなる日本人住民の協力を得て、公民

館を舞台に主体的に日本人住民との交流を図っていた。この事例は、国際化に伴い住民が多様化する現代社会において、公民館の在り方に一石を投じるものであるに違いない。

「クルド日本語教室」の日本語講師の言葉を借りれば、「芝公民館は"小さな解決の場"」となっている。これは日本住民と地域に生活する難民申請者双方にとって公民館の果たす役割の重要性を表している。日本人住民にとっては、同じ地域社会で暮らすクルド人住民や、彼らを取り巻く環境について理解を深めることができる場である。地域社会において住民同士の相互理解が進むと、生活に安心がもたらされる。また、特に潜在的に孤立しがちな女性のクルド人の難民申請者にとっては、日本人住民と交流できる貴重な機会である。そして、地域住民の一員として自らの能力を強化できる場として公民館が位置付けられる。さらに、民生委員や学校評議員を務める住民にとっては、クルド人の子どもの教育問題に関して、クルド人住民と日頃から関わり、状況を把握している日本人住民と相談できる場でもある。クルド人住民の活動拠点が公民館であることが、いかなる任務を持つ住民にとっても利用しやすいものになっていると言える。公民館は場所としてありながら、利用の仕方ひとつで様々な問題を解決できる役割を担っている。

こうした公民館の機能は、地域で生活する難民申請者にとってまさに「安心の居場所」となり、極めて大きな意義を持つ。だが、それは彼らの主体的な活動が継続的に行われてこそ果たせるものだろう。公民館活動の本質である住民自治を実現させるためにも、地域の抱える問題を積極的に解決しようとする活動を維持できるようなサポート体制を構築することが求められる。具体的には、

（1）多くの住民参加を促すために案内や活動報告をホームページや回覧板に掲載する
（2）団体代表が活動について相談できる窓口や機会を設ける
（3）地域社会の国際化に対する住民の自主的な公民館活動を奨励する

以上の提言が、国際化で変容する地域社会の課題解決と今後の公民館の在り方の一助となれば幸いだ。

［参考文献］

飯田哲也（2003）「公民館と生涯学習（1）——生涯教育・学習論の現代的課題」『立命館産業社会論集』第39巻、第1号

鈴木眞理、永井建夫、梨本雄太郎（2011）『生涯学習の基礎』学文社

寺中作雄（1946）『公民館の建設——新しい町村の文化施設』公民館協会

山脇康嗣（2017）『〔新版〕詳説入管法の実務——入管法令・内部審査基準・実務運用・裁判例』新日本法規出版

L. シャッツマン＝A. L. ストラウス著、川合隆男監訳（1999）『フィールド・リサーチ——現地調査の方法と調査者の戦略』慶應義塾大学出版会

# 第4章

# 二つの法体系が支える韓国の地域学習施設
光州広域市における「教育」と「支援」の連携事例を中心に

呉 世蓮

## はじめに

　韓国社会は、1980年代後半から結婚移住者の増加や雇用許可制の導入によって、海外からの移住労働者が増加し、急速に多文化社会化しつつある。現在、韓国に90日以上滞在する長期滞在者の登録外国人の数は117万1,762人（法務部2017年）、韓国籍の帰化者は15万8,064人である（行政安全部2015年）、いわゆる脱北者は約3万1,000人（統計庁2017年）で、これらの数は毎年増加する一方である[1]。こうした状況を背景として、韓国では2007年5月に外国人基本法に当たる「在韓外国人処遇基本法」と2008年3月に「多文化家族支援法」が制定され、2009年12月には多文化認識を改善することを意図した多文化基本法も発議された。同法案は成立に至らなかったものの、2010年代には外国人政策の樹立と施行は政府と地方自治体が共同して行う「仕事」であるという認識が広がる契機となった。このような社会状況のなかで、社会教育はどのように位置づけられているのだろうか。

---

[1]　統計庁によると韓国全体の人口は5,163万5,256人（2018年）である。

ニューカマーの問題は日韓に共通しているようにみえる。しかし、それに加えて、日本社会には琉球民族やアイヌ民族の扱いや、植民地支配に結びつけられるオールドカマーに関する課題があり、韓国社会には在中国同胞や在日同胞、在韓華僑などの課題がある。両国にはこうした複合的な課題に対して、人権擁護の国際的な拡がりを踏まえたグローバルな視点からの対応が求められている。

多文化・多民族化が進む日本社会と韓国社会にとって重要な課題は、多様な言語的文化的背景をもつ社会構成員がその多様性を活かすことのできる教育の在り様を見出すことではないだろうか。このことは、従来の全般的な教育の取り組みについて再検討を迫るものである。そこで、本章では、多様な背景をもつ住民の学びの場となっている地域学習施設が、社会教育・生涯学習関連法だけでなく、多文化家族支援関連法によっても支えられている点に着目する。具体的には、第1節で、地域学習施設を支える法的枠組みを教育と支援の二つの観点から概観し、第2節で、これら二つの体系が縦割りの弊害を回避し、むしろ各施設の連携の促進につながっていった経緯に触れる。その上で、具体的な事例として、光州広域市の地域学習施設の取り組みを紹介したい。

## 1．韓国の社会教育・生涯学習と多文化家族支援に関する法的規定

### 1）社会教育・生涯学習に関する法的規定

韓国の憲法に、社会教育・生涯学習に関する規定が登場するのは、光州事件の余韻の残る1980年10月に制定された第五共和国憲法であった。第29条5項に「国家は平生教育を振興しなければならない」という言葉がみられる。韓国語で「平生」とは、「一生」あるいは「生涯」という意味であり、「平生教育」の概念は、日本の「社会教育・生涯学習」の概念にあたる。そのため、韓国における平生教育は日本の社会教育・生涯学習にあたると考えてよい[*2]。これを受けて1982年に「社会教育法」が制定された。この社会教育・

生涯教育に関する憲法上の条項は、1987年に制定された現行の第六共和国憲法第31条にも引き継がれている。

一方、1997年に前身の教育法（1949年制定）を全面改定して成立した教育基本法は、3条1項で「全ての国民は生涯にかけて学習し、能力と適性による教育をうける権利をもつ」と学習権を規定し、第10条1項で「国民の平生教育のためすべての形態の社会教育は奨励されなければならない」と社会教育を位置づけ、11条1項で「国家と地方自治体は学校と社会教育施設を設立・経営する」と国と自治体の役割を規定している。

「社会教育法」は1999年に「平生教育法」に法名が改正され、行政用語としても社会教育が平生教育という用語に置き換えられた。2007年に改定された現行の「平生教育法」の第2条の定義によると、「平生教育は、学校の正規教育課程を除いた学力補完教育、成人基礎・識字（文解）教育、職業能力向上教育、人文教養教育、文化芸術教育、市民参加教育等を含むすべての形態の組織的な教育活動を示す」と日本の社会教育法に類似しているものの、より積極的に領域が示されている。なお、社会教育・生涯学習に関わる「施設・法人または団体」（第2条第2項）を含むものとして「学校の社会教育・生涯学習」という条項が設けられ、小・中・高・大学等の各学校長は「共同体及び地域文化の開発に努めなければならない（第29条）」と規定され、社会教育・生涯学習に関わる学校の役割をも明示しているところは特徴的である[*3]。

2007年の「平生教育法」の改正は、既存の社会教育・生涯学習推進体制における大きな変化ももたらした[*4]。まず、以前の韓国教育開発院付属の平生教育センターと教育庁[*5]の傘下機関の地域平生教育情報センターが新た

---

* 2　本稿では、日本の読者に分かりやすくするため平生教育を社会教育・生涯学習とした。ただし、固有名詞である法律や施設については、そのまま漢字語として訳出した。
* 3　李正連「韓国の改正平生教育法に関する考察――その意義と課題」『東アジア社会教育研究』東京・沖縄・東アジア社会教育研究会、2008年、第13号、47頁
* 4　李正連、前掲論、46頁
* 5　日本の教育委員会にあたる。道及び広域市に設けられている。

に「国家平生教育振興院」として再組織されると同時に、市・道でも平生教育振興院の設立及び指定が可能になったため、広域自治体での社会教育・生涯学習の推進が容易になった。次に、それまで垂直的連携体制によって、国家レベルの平生教育振興院から市・郡・区レベルの平生学習館へとつながっていたが、これが平生教育協議会を通した水平的連携体制へと再編成された。これによって、行政機能、執行機能、審議機能が有機的に連携した政策が打ち出されるようになったと評価されている。さらに、今まで教育部*6にあった地域平生教育情報センターが市・道知事及び基礎自治体長の所管する市・道平生教育振興院へ、平生学習館が市・郡・区平生学習館へ、平生教育協議会が市・道、市・郡・区平生教育協議会へとそれぞれ管轄がより市民に近い組織へと変わることにより、地方自治体長の参与、権限、義務が拡大されたのである。つまり、広域自治体と基礎地方自治体、一般行政と教育行政が、地域独自の課題解決のために、ともに協力しやすい体制に転換したのである。

　さて、具体的な学びの場となる平生学習館は、日本の公民館に最も近い存在といえるが、「平生教育法」には、「すべての国民に平生教育の機会が与えられるように、平生教育振興政策を樹立・推進しなければならない（第5条）」という考えのもとに、「市・道教育監は、管轄区域内の住民を対象に平生教育プログラムの運営と平生教育の機会を提供するために、平生学習館を設置または指定・運営しなければならない（第21条）」と自治体の義務として明記されている。しかし、その教育・学習の内容は、先に示したように「学校の正規教育課程を除いた学力補完教育、成人基礎・文解教育、職業能力向上教育、人文教養教育、文化芸術教育、市民参加教育等を含むすべての形態の組織的な教育活動（第1条）」としか示されていない。そのため、「学習者の自由な参加や自発的な学習を基礎として行われなくてはならない（第4条1項）」という理念のもと、「教育基本法」の第4条（教育の機会均等）、「多文化家族支援法」の第10条（児童・青少年保育・教育）、「初・中等教育法施行令」

---

＊6　日本の文部科学省にあたる。

の第 19 条（帰国生徒・多文化生徒などの入学・転学）などの関連法の精神を援用し、多文化生徒への教育支援と多文化社会に対する認識を向上するための事業が行われている。

　以上のように、社会教育・生涯学習についての法体系は、より幅広い教育のあり方を中心にしており、条文で多文化家族・多文化家庭の教育について触れていない。しかし、他の関連法の規定を現行憲法が保障している人間の尊厳と価値及び幸福追求権の実現という観点から取り込み、多文化・多民族化に対応した教育のあり方を模索しているようだ。そのため結果的に、地域の学習施設では当然のこととして社会教育・生涯学習の主体としての外国人住民の姿も見ることができるのである。

## 2）多文化家族支援に関する法的規定

　多文化家族支援の枠組みではより具体的な点まで規定されている[7]。1980 年代後半から進んできた韓国の多文化社会化は、2000 年代には移住労働者の滞在の長期化や国際結婚の増加により、子どもたちの教育問題として表面化した。これを背景に「在韓外国人処遇基本法（2007 年 5 月）」と「多文化家族支援法（2008 年 3 月）」が制定された。これらの法律は、いわゆるニューカマーへの教育のあり方を規定しており、一般に「多文化家族・多文化家庭の児童・生徒」への教育として理解されている。この「多文化家族・多文化家庭の児童・生徒」という言葉は次の場合を指す。すなわち、①国際結婚の家庭において韓国人の父と外国人の母の間に生まれた子ども、あるいは韓国人の母と外国人の父の間で生まれた子ども、②外国人労働者の家庭において外国人労働者が韓国で結婚して生まれた子ども、あるいは母国で結婚して形成された家族が韓国に移住した家庭の子ども、③セトミン[8] 家庭において北朝

---

＊7　多文化家族支援政策の全体像については次の文献に詳しい。金愛慶（2017）「韓国の国際結婚と多文化家族支援政策の現況」『国際結婚と多文化共生』明石書店
＊8　脱北者のこと。「セト」は「新しいところにやって来た」、「ミン」は漢字の「民」を意味する。

鮮で生まれて韓国に入国した子ども、あるいは韓国で生まれた子ども、である*9。これらの法律は、多文化をめぐる様々な政策が、中央政府の各省によって施行されている。さらに、多文化教育事業に関しても市・道教育庁を通した教育支援を行っている。

　このように2000年代に多文化家族支援に関する法律が整備されていったが、転機となったのは2012年であった。この時期を境に各省庁の施策の実質化や、各自治体における施策への反応などが顕著になってくる。当初は制定の準備に手間取る自治体も見受けられたが、2012年3月の段階で、多文化家族支援に関する条例の整備が、全国244自治体の過半数を超える139の自治体で完了し、それ以降は加速的に条例をもつ自治体が増えていった。多くの自治体の条例名は、「多文化家族支援条例」であるが、その他「多文化家族支援センター運営条例」や「居住外国人及び多文化家族支援条例」、「多文化家族支援条例」、「脱北者及び多文化家族支援に関する条例」などがある。このような条例に基づく施策及び支援事業として、2012年の当初から重視されていた内容は、①韓国語教育（教育部）、②児童養育指導・家族相談（女性家族部、保健福祉部）、③社会適応教育と職業教育・訓練（教育部、女性家族部、雇用労働部）であり、また、④家庭内暴力被害の結婚移住者と子どもに対する保護・支援（女性家族部、法務部、保健福祉部）、⑤地域社会の生活に必要な基本的な情報提供や健康管理の支援（女性家族部、保健福祉部、安全行政部）などであった。幅広い定住支援の中に教育が位置付けられており、各省庁が横断的に業務を行っていることがわかる。

　一方、多文化家族・家庭の政策において地方自治体は省庁の政策を遂行すると同時に、地域の状況に合わせて自ら政策を樹立・推進する役割を担っている。担当公共機関としては、多文化家族支援センター、外国人勤労者センター、国際交流財団、総合社会福祉館などがある。協力団体としてはキリス

---

＊9　ソ・ゾンナム『韓国社会の多文化関連の用語に関する研究――現況分析及び多文化教育関係者FGIを中心に』教育文化研究、2010年、第16-2号、149頁、韓国語版

第 4 章　二つの法体系が支える韓国の地域学習施設

図表 4 － 1　中央政府の省庁別の多文化家庭支援の業務

| 省庁名 | 主な政策 |
| --- | --- |
| 教育部 | ・多文化教育関連研究、開発推進<br>・一般生徒への多文化理解教育及び親教育 |
| 女性家族部 | ・多文化家族社会統合政策樹立<br>・多文化家族支援センター運営支援<br>・国際結婚仲介業管理及び女性結婚移住者家庭暴力対策支援 |
| 保健福祉部 | ・結婚移住者基礎生活保障制度運営<br>・多文化児童保育料支援 |
| 雇用労働部 | ・結婚移住者の就業、職業相談及び支援 |
| 法務部 | ・移住者社会統合政策プログラム標準化<br>・移住者の入国、滞在、帰化、許可、永住資格申請 |
| 安全行政部 | ・地方自治団体外国人住民支援基盤を造成<br>・結婚移住者の運転免許取得支援（警察庁） |
| 文化体育観光部 | ・多文化コンテンツ開発及び国民認識改善及び向上 |
| 農林水産食品部 | ・結婚移住者女性の農業人における営農技術教育 |
| 放送通信委員会 | ・多文化関連の TV プログラム政策 |

※　女性家族部・関係部署合同（2011 年）、多文化家族支援政策基本計画（2010-2012 年）、2012 年度施行計画の資料により筆者作成

ト教や仏教などの宣教センターがあり、NPO・NGO としては外国人勤労者相談所や、移住女性人権センターなどがある。これらは多文化家族支援関連法の整備とともに活発な活動を行ってきた。このように複数の根拠法をもとに設立されてきた各種の施設や民間の協力団体が近年連携を模索し、成果を出している。特に、根拠法の異なる施設が共通する理念に基づいて、一部重複しながらも住民の学習を支えている点は重要だ。

3）まとめ

　以上のように韓国社会の多文化化に対応するための教育は、学校外の教育の全てを念頭にした社会教育・生涯学習の立場からの体系と、ニューカマーの社会適応を中心にした多文化家族支援という立場からの体系の二つが補完

第Ⅱ部　居場所としての公民館

しながら行われているとみることができる。これは幅広い視野からの教育体系を作る可能性をもつが、同時に縦割りの弊害が起こりやすい体制ともいえる。次節では、地域における連携の象徴的な取り組みがみられる「平生学習館」及び「多文化家族支援センター」の取り組みについて、特に光州広域市の事例を中心に紹介したい。

## 2．光州広域市の地域学習施設の取り組み

　光州広域市の人口は146万人で、外国人登録数は2万1,000人である（2016年統計庁による）。本章で光州広域市を取り上げる理由はいくつかあるが、まず光州広域市は歴史的に民衆の力が強く、近年の韓国における社会教育の展開にも強い影響を及ぼしてきた韓国「民主主義の発祥地」であることがあげられるだろう。そのため光州広域市は多文化家族支援の実践例として日本でも注目を集めている*10。そして何より、筆者の故郷でもある。

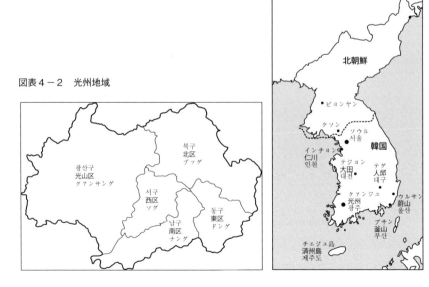

図表4－2　光州地域

### 1）平生学習館で行われる多文化家族支援

　教育部は 2012 年 3 月「多文化学生教育の先進化方案」[11] をもとに、「多文化学生教育支援計画」を発表し、多文化教育の活性化と体系的な教育支援のための推進体系を整備した。多文化教育政策事業の推進ハブ機関として、国家平生教育振興院内にある中央多文化教育センターを指定・運営し、地域多文化教育の活性化のために市・道教育庁単位で多文化部署を指定・新設、市・道教育庁のもとに地域多文化教育センターを設置・指定・運営するなどの支援を行った。成果の 1 つは、結婚移住女性と中途入国子女[12] などの多文化家庭における初期韓国社会適応及び定着のための体系的政策支援と推進体系が構築されたことである。もう 1 つは、韓国人全体の多文化認識を高めるための多様な政策が試みられたことである。2012 年ごろまでの多文化教育政策事業の多くは、多文化家庭を対象にする韓国社会適応教育に焦点が当てられていた。しかし、2013 年からは多文化家庭とともに生活する韓国社会船体を構成する人々の多文化認識向上の必要性が高まり、これに関連する政策事業が企画・運営されている。

**事例　光州「西区平生学習館」**

　西区平生学習館は、地域の社会教育・生涯学習の活性化や学習共同体を目的として 2017 年 3 月に開館された。

---

* 10　馬兪貞（2017）「韓国の地方地域における多文化支援の現状―光州広域市の地域的特色を中心に」『国際結婚と多文化共生』明石書店、李技彦（2015）「"共生の平生学習" を通した市民の幸せ実現―光州広域市平生学習マウルの事例を中心に（韓国の平生教育・生涯学習）」東アジア社会教育研究（20）132-138 頁など
* 11　「多文化学生教育の先進化方案」では、多文化社会に対応する新たな教育政策方向の樹立、多文化学生の教育需要にあう支援の必要、多文化学生支援のための全社会的における協力体系の構築の必要という推進背景が明示されている。
* 12　結婚移住者のなかには、再婚を機に韓国に来た人もいる。そのため、母国に残してきた子どもを韓国に呼び寄せをするケースが多くみられる。この子どものことを「中途入国子女」という。

第Ⅱ部　居場所としての公民館

写真4－1　図書館（筆者撮影）

図表4－3
西区平生学習館の2017年度のプログラムと募集要項

　施設の規模は大きくないが、講義室とサークル室などが設けられ、事務所には平生教育士*13 が2名、障がい者ヘルパーが配置されている。運営時間は、平日9時から21時まで、土曜日は9時から18時までとなっている。2017年度には、19のプログラムが行われ、およそ450名が利用している。館内の入り口には、地域の子どもや大人たちが休憩しながら本や雑誌が読めるように小さな図書館が設置されている。学習する空間であり、地域の人々が自由に交流できるようなオープン形式である。

　この西区の地域は、最近新しいマンションが多く建てられ、若い夫婦や高齢者などの移住が多くなってきている。このように変化する地域住民の特徴から、平生学習館のプログラムとして「引退した人々のための人生二毛作プログラム」や「働く人々のための夜間プログラム」なども設けられている。これらは、居場所探しや興味関心の共通する仲間が増えるなど、生きがいにもつながっているという。

---

＊13　日本の社会教育主事及び社会教育専門担当に当たる。

第4章　二つの法体系が支える韓国の地域学習施設

写真4-2
西区平生学習館の入り口の様子（筆者撮影）

写真4-3
住民自治プログラム室（筆者撮影）

　そのなかで、光州地域の多文化家庭とともに暮らすことを趣旨とする「民主市民意識向上プログラム」が行われている。このプログラムには、光州地域の歴史や5.18民衆抗争（光州事件）などが学習できるようにされているだけではなく、人権と差別や多文化意識に関する内容が含まれている。受講生の対象は、マイノリティである多文化家庭のみならず、マジョリティである韓国家庭である。社会全体が多文化家庭や多文化教育への認識を改善することが大きな課題としてとらえられていることがわかるだろう。

### 2）多文化家族支援センターで行われる社会教育

　「多文化家族支援法」に基づき、韓国社会における多文化家庭への政策は様々な省庁のもとに行われてきた。なかでも、女性家族部\*14の管轄する「多文化家族支援センター」における韓国語教育は、女性移住者のみならず、子どもへの支援も行っている。

　女性家族部は、2009年にそれまでの女性部から名称変更され、2010年から活動を開始している。この改革に伴い、保健福祉家族部の青少年及び家族

---

\*14　日本の厚生労働省に当たる。この省庁は家族の構成のみならず、社会的弱者である女性と子ども、一人親家庭、多文化家族（外国籍）への政策が中心である。

関連の業務が女性家族部に移管され、総合的な女性・青少年・家族政策の企画・樹立をする部署となった。この女性家族部の主な機能は、次の4つである。①女性政策の企画及び女性人力開発、②青少年政策の企画及び活動・福祉・保護、③家族と多文化家族の政策の樹立・調整、④女性と児童青少年に対する暴力予防と安全保護である。このなかで、多文化家庭政策の推進方針として、多文化家庭の社会統合及び結婚移住者の人権保護の強化に焦点が当てられている。また、実践課題として、国際結婚仲介業の健全化、事前情報提供の活性化、多文化家族支援センターの拡大、プログラムの内実化、移住女性の人権保護の体系構築及び多文化家族政策の基本計画の樹立が掲げられている。

「多文化家族支援センター」を統括する全国多文化家族事業支援団は、女性家族部から委託を受け、多文化家族政策の伝達・推進機関である全国217カ所の「多文化家族支援センター」を支援している[*15]。この事業支援団は多文化家族のためのプログラムの開発と普及、多文化家族政策のモデル事業を実施しており、センター従事者の教育、評価、情報誌の発刊、広告と運営支援、関連機関とのネットワーク協力などを行っている。

その一方、「多文化家族支援センター」は、多文化家族の安定的な定着と家族生活を支援するための韓国語・韓国文化の教育、家族教育・相談、子女支援、職業教育及び多文化認識改善など、多様なプログラムを統合的に提供・連携するワンストップサービス機関となっている（図表4－4）。さらに、近年子どもへの支援も同時に行われ、バイリンガル教育や家庭訪問を通して学校生活に関わる問題や悩みなどを手助けする支援も行われている。例えば、家庭内言語（外国語）と学校における教科学習言語（韓国語）のギャップを解消するための支援を行っている。また、2011年には、「多文化家族支援センター」に次の5つの新しい事業が加えられた。①バイリンガルの力量をもつグローバル人材としての成長を支援する事業。これは、「お母さん（お父さん）

---

\* 15　2018年現在の数。多文化家族支援センターのホームページより。

の国の言語習得のための言語英才教室」(7カ国語)を100カ所のセンターに設置する。②社会教育・生涯学習支援事業。これは、家庭訪問を通して「学校知らせ帳」により子どもへの生活サービスを行うとともに、子女生涯周期別(妊娠・出産期、幼児期、児童期)に子女養育に対する情報及び相談などを提供する。「訪れる父母教育サービス」と呼ばれている。③中途入国子女への初期適応支援事業。これは、韓国語教育、仲間同士の関係及びアイデンティティ、編入学などの韓国生活の初期適応を支援する4カ月コースの「Rainbow School」を全国10カ所地域に設ける。④「タヌリ*16 コールセンター」開設事業。これは、毎年増加する多文化家族の離婚などの家族離散を予防するために、訪問相談サービスを下半期からモデル運営して、韓国生活の案内、通翻訳支援、各種情報などを9言語で提供する。⑤「多文化家族ナヌム(配り)

図表4-4　情報提供のウェブサイト(日本語版)*17

---

＊16 「タヌリ」とは、「多(タ)様な家族全てがヌリダ(味わう)」の意味。
＊17 2019年1月現在13言語で提供されている。日本語版のページは次のとおり。
https://www.liveinkorea.kr/portal/JPN/main/main.do

奉仕団」を発足させる事業。これは、センターのボランティア活動をより活性化するための事業である。

**事例　光州「北区多文化家族支援センター」**
　「多文化家族支援センター」に関わる基本的な支援は政府が行っているが、プログラムや支援などに関しては、ほぼ民間団体や地域の市民の支援によって行われている。光州広域市における「多文化家族支援センター」は、北区・光山区・西区の3カ所にあるが、これらのうち、「北区多文化家族支援センター」は、2008年1月に最初に開設されたセンターであり、政府などの援助・支援を受けながらも先進的で独自のプログラムを運営している。また、5.18民衆抗争（光州事件）の拠点となった全南大学校の近くに位置している。
　北区センターでは、韓国社会に適応出来るように韓国語教育、多文化社会理解教育、多文化家庭生徒のための言語英才教室などのプログラムが施行されている。
　まず、韓国語教室は基礎クラスから韓国語での授業が行われ、中国・ベトナム・フィリピン・カンボジア・日本の通訳の担当者がいる。この授業を受けた者の中からセンターの通訳に採用される場合もある。採用される条件としては韓国語3級以上で、母国において高卒以上の人が多いという。韓国語教室はレベルによって分けられ、週5回の2時間の授業が行われる。そしてハイレベルの韓国語教室は週に3回行われる。北区センターに訪れる人々の過半数は女性であり、就職のための生活手段である韓国語を学びに来る人が多い。韓国語を学ぶことによって移住女性は仕事に就けるようになり、彼らの子どもは社会統合を実現することが期待出来ると考えられる。現在センターで使われている教材は、女性家族部で制作されたものではなく、文化体育観光部傘下の国立国語院でつくられた教材である。
　多文化社会理解のための教育については、光州地域で多文化家庭がともに暮らせるようになることを趣旨とした多文化家庭向けの生活ガイドブックが発行されている。そのなかには、光州地域の歴史や5.18民衆抗争（光州事件）、

社会施設、公共施設の利用方法や見学後の感想などが書かれている。ソウルなどと比べて外国籍の人数は多くないが、だからこそ生活上の不便なところが多い。例えば、銀行や郵便局などの手続きや交通表示板などは韓国語でしか書かれていない場合が多い。このような生活上の不便さを克服でき、地元の生活に役に立つガイドブックとして活用されているという。このガイドブックは、全国の「多文化家族支援センター」のプログラムのなかでも大きな注目を浴び、効果的なプログラムとして「多文化家族支援センター」の全国事業報告会でも紹介された。

　言語英才教室は、2011年から当センターならではの新しい事業として、民間団体の支援を受けて多文化家庭の生徒を中心にビッコウル（光の村）勉強部屋を開き、ベトナム語、中国語のバイリンガル教室や放課後の学習活動などが行われている。ある韓国語を習っている中国出身のお母さんは、「私の母語……、子どもの半分の母語が学べる環境はとても嬉しいし、安心できます（省略）。また、子どもの同じクラスの友達も参加できるので、子どもがもっと喜んでいます」と話してくれた。この教室に参加している子どもたちは、多文化家庭の生徒や、一般家庭（非多文化家庭）の生徒がともに参加し、相互理解を深めていることが明らかになった。さらに、地元の大学との協力により、韓国や地元の歴史について学ぶ機会が提供されている。光州地域は民主化運動が行われた地であるが、韓国社会ではまだ地域間の差別や偏見がなくなってはいない。このような環境のなかで「北区センター」は、相互理解とともに共生する多文化教育の役割を果たすものとして欠かせない存在である。


## おわりに

　韓国の平生教育法は、特に多文化教育について言及していないが、教育部は従来からの住民も含んだ形での多文化教育を推進しており、その拠点として平生学習館も機能している。一方、多文化家族支援法は教育保障に関する

条項にみられるように、多文化対応の専門機関として支援にとどまらない学習機会を提供することで平生教育法との補完関係を構築している。両者が機能の一部重複を恐れない姿勢を示してきたことが、結果として近年の施設同士の連携を加速させ、縦割りの弊害を回避し、両者にまたがる形で多文化家族の認定範囲の拡大や多文化家族支援のための計画の立案・実施が可能となっている。これによって、多文化家庭と地域社会との関わりがより深められ、韓国の生活に必要な基本的な情報や支援がいっそう受けやすくなってきた。

　二つの法体系に支えられた地域学習施設における教育は、そこに集う者同士で、お互いの言語や文化のあり方を認めつつ、地域社会の構成員としての居場所を探し、見つけるという過程を伴う点で、多文化教育の一環とみることができる。つまり、これは多文化教育の理念の共有化が、社会教育と文化的少数者の社会適応支援との連携構築を可能にした事例と解釈できるだろう。

[参考文献]
岩崎正吾編著（2018）『多文化・多民族共生時代の世界の生涯学習』学文社
梁炳賛、李正連、小田切督剛、金侖貞 編著（2017）『躍動する韓国の社会教育・生涯学習――市民・地域・学び』エイデル研究所
呉世蓮（2016）『日本と韓国における多文化教育の比較研究――学校教育、社会教育及び地域社会における取り組みの比較を通して』博士論文、早稲田大学

# 第5章

# 成人移民へフィンランド語教育を提供する公共施設

地域社会とのかかわりと学習以外の機能にも着目して

大谷 杏

## はじめに

　フィンランドは、オーロラ鑑賞の観光地として、またムーミン一家の物語、デザインなどにより日本でも知られている北欧の国である。人口は550万人ほどで、そのうちの88.3%が日常的にフィンランド語を話す。1917年に独立するまでは、常に隣国スウェーデンやロシアの支配下にあったため、現在でも国家人口の5.3%がスウェーデン語話者であり、スウェーデン語はフィンランド語と共に公用語となっている。しかし、2010年を過ぎたあたりから、外国語話者数がスウェーデン語話者数を上回るようになり、現在その割合は国家人口の6.5%に達するまでになった[1]。

　もともとフィンランドは移民の送り出し国であり、19世紀後半から1930年代までは主にアメリカへ、1960年代から70年代にかけては若者が職を求めて隣国スウェーデンへと移住していた。ところが、80年代後半にベトナムからボートピープルがやってきて以来、受け入れ国へと変化する。ソマリ

---

[1] Facts about Helsinki 2017, City of Helsinki.

ア、中東、バルカン半島などからの難民だけでなく、ソビエト崩壊を受け、かつてその地に渡ったフィンランド人であるインゲル・フィン人たちにも帰国を認め、居住許可を与えた[*2]。それによって、90年代から現在にかけて国内の外国人人口は10倍に増加し、多言語化も進んだ。現在では首都ヘルシンキ市だけでも136の言語話者がおり、彼らの国籍は170カ国にのぼる[*3]。

90年代以降の外国人の急増という点では、日本と共通する部分が多い。80年代後半からインドシナ難民を受け入れ、90年の入管法の改正により、日系人に対し就労活動に制限のない在留資格が与えられて以来、日本ではこの20年間に定住外国人人口が100万人以上増加している。定住外国人受け入れに関して同じような歴史的経緯を辿っているフィンランドの事例から日本が参考にすべき点は何か。本章では、外国人住民が現地語を学ぶ場に焦点を当て、「安心の居場所」について検討していきたい。

第1節では、外国人の急増により進められた国の法制度上の統合政策を概観し、第2節では、第2言語としてのフィンランド語学習の概要を述べる。第3節では、それらの学習が実際に行われている社会教育施設（成人後期中等教育学校、図書館、地域活動センター）の事例を紹介し、第4節では、日本の社会教育施設の実状と照らし合わせながら、フィンランドで移民が現地語を学ぶ施設の特徴について検討する。

## 1. フィンランド政府の移民統合政策

フィンランド憲法には多文化主義に関する記載はなく、第17条「自らの言語及び文化に対する権利」第1項は、フィンランド語とスウェーデン語を

---

[*2] JouniKorkiasaari, Contemporary Immigration to Finland, FinnFest USA 2014 Minneapolis, MN August 7-10, 2014
[*3] Population with foreign background in Helsinki 2016, Statistics 2017:2, City of Helsinki Urban Facts.

公用語と定めている*4。しかし、第3項では、「先住民としてのサーミ人並びにロマ及びその他の集団は、自らの言語及び文化を維持し、及び発展させる権利を有する」とあり、また、「言語法」第1条9項には、フィンランド語、スウェーデン語及びサーミ語以外の言語使用の権利に関する規定が、裁判、行政、司法、教育、健康・社会福祉等の行政手続きに関わる法に含まれていることも記されている*5。

1999年に制定された「移民統合と難民申請者の受け入れに関する法」は、移民が社会で活躍するために必要とされる知識や技能を習得すること、そして難民申請者や一時的庇護者に対し、受け入れ態勢を整え、支援や保護を保障する施策を通して、統合、平等、選択の自由を促すことを目的としている*6。その中で「統合」は、「自らの言語と文化を保持しながら、就業し、社会に参加することを目的とした移民の個人的な発展」であると共に、「そのような統合を促進し、支援するために官庁が取るべき施策、提供する資源、サービス、また、その他の公共サービスや施策を計画、提供する際の移民のニーズへの配慮」を意味するものとされている。例えば、第2条7項の「統合の促進や支援のために就職支援者や、自治体が行える事柄」の中には、フィンランド社会に関する情報を提供することやフィンランド語若しくはスウェーデン語の言語教育が含まれている。フィンランドのあらゆる移民政策において、この「統合」という言葉がキーワードとなっている。

2011年に施行された「移民統合の促進に関する法」は、「統合を支援、促進するのみならず、移民がフィンランド社会においてより積極的な役割を果たす」ことや、「ジェンダーの平等、差別を無くし、異なるグループ間の

---

* 4　国立国会図書館調査及び立法考査局「各国憲法集（9）フィンランド憲法」2015年
* 5　Kielilaki (423/2003). フィンランドの法律については、Translations of Finnish acts and decrees を参照のこと。
* 6　Lakimaahanmuuttajienkotouttamisesta ja turvapaikanhakijoidenvastaanotosta (493/1999; amendments up to 324/2009 included)

積極的な交流を促進する」ことも同時に目的としている*7。第1条5項では、「フィンランド語やスウェーデン語の知識のない移民に対し、官庁が通訳や翻訳を付けるべき」ことが記されている他、第2条11項の「統合計画」には、「フィンランド語やスウェーデン語の学習に加え、移民の母語教育や移民が社会に慣れるための学び、読み書きの指導、基礎教育の修了、統合のためのトレーニング、統合を促進する個別の施策」が含まれる。第2条17項「統合計画や計画の策定から生じる義務」には、「移民が統合計画を遵守し、移民制度の一環として提供されるフィンランド語またはスウェーデン語のコースに定期的に参加すべき」ことが記されている。

　国によるこれらの法の制定を受け、各自治体や公共機関においても移民の言語教育に関し様々な取り組みが行われるようになった。次節以降では、成人移民が第2言語としてフィンランド語を学ぶ方法や機会、それらを実施する教育機関について述べる。

## 2. 第2言語としてのフィンランド語学習

　外国人がフィンランドでフィンランド語を学ぶには、フォーマルな方法とインフォーマルな方法の2通りがある。フォーマルな方法では、有資格者の講師が講義形式の授業を行い、受講生は授業料を支払う。資格とは、大学院で義務教育学校や後期中等教育学校の国語の指導資格を得た人が更に定められた科目を受講し取得できる「第2言語としてのフィンランド語」の指導資格である。一方、インフォーマルな方法には、気楽な日常会話を楽しむカフェ形式、初心者がマンツーマンで基礎を学ぶ個別指導形式、その他講義形式やグループ形式、それらの組み合わせなどがある。公共図書館のランゲージカフェをはじめ、地域の活動センターや教会など様々な場所で、主に図書館の職員や地域のボランティアにより無料で開催されている。近年では、欧州難

---

＊7　Lakikotoutumisenedistämisestä (1386/2010).

民危機により 2015 年の 1 年間で難民申請者数が約 10 倍に急増したことから、フォーマルな方法で学ぶ施設に受講希望者が殺到し、キャンセル待ちの間に初心者がランゲージカフェを訪れるケースも多くなった。そのため、図書館では難民申請者や初心者向けのランゲージカフェも新設されている。

　フォーマルな学びの場の情報は、講座提供機関や公共図書館に直接出向く、若しくはインターネット検索により得ることができる。フィンランドでは図書館が総合サービスセンターとして位置付けられており、移民や難民の生活にも重要な役割を果たしている（『図書館開発プログラム 2006-2010』）*8。本の貸し出しや各種イベントの他、フィンランド語教育を提供する各施設（成人教育センター、成人のための高校、成人カレッジ、夏季学校等）の案内パンフレットや、成人教育講座検索サイトである Ilmonet、カイサ文化センターとヘルシンキ市立図書館が市の文化局内に立ち上げたフィンランド語講座検索サイト Finnish Courses のカードが置いてあるコーナーがあり、利用者は自由に持ち帰ることができる（写真 5 - 1 参照）。ヘルシンキ市が運営する 12 言語による定住外国人向けサイト InfoFinland の一部である Finnish Courses は、フィンランド語、英語、ロシア語に対応しており、検索は、①地域（フィンランドの大都市であるトゥルク、ヘルシンキ、タンペレの 3 地域）、②市町村（ヘルシンキであればヘルシンキ市や周辺のヴァンター市など）、③レベル（0 レベルから C レベルまで）、④講座の特徴（速習、大卒者向け、ゆっくり、女性のみ、フィンランド語検定の YKI テスト向け、文学など）、⑤講座開始日をそれぞれ選択して行う。その下には、Reittiopas というヘルシンキやその周辺の公共交通情報検索を行うサイト欄があり、施設に行くための交通手段や出発時間、地図が一度に表示される仕組みになっている。Finish Courses によれば、2018 年 9 月現在、国内の 3 大都市（ヘルシンキ、タンペレ、トゥルク）を中心としたエリアの市立や民間の成人教育センター、AMK（ポリテクニック）、フォーク・ハイスクール、夏期大学、民間の宗教系組織など 93 の施設で計 379 講座（2018

---

＊8　Ministry of Education and Culture, Library Development Program 2006-2010.

年9月）が提供されている。

　一方、インフォーマルな学びの場の情報については、図書館のランゲージカフェなど、施設でチラシの配布や掲示されているものもあるが、基本的にはインターネットや人づてによるものが多い。2016年に筆者が図書館のランゲージカフェ参加者に対して行った調査によれば、「カフェを知ったきっかけ」として、知り合い（5名）、図書館の職員（4名）、難民申請者の滞在施設であるレセプションセンター（3名）、インターネット（2名）、その他（6名）、無回答（3名）という結果が出ている。

　この他、難民申請者の一時滞在施設であるレセプションセンターでも、フィンランド語講座が開かれている。2014年に訪ねたトゥルクの赤十字のレセプションセンターでは、入居者100名余りを2つのグループに分け、外部機関の教師1名が1日5時間（週25時間）隔週で教えていた（写真5－2参照）。施設に滞在する限りは無料で受講することができるが、ある程度の滞在期間を経た申請者の中には、トゥルク・クリスチャン・カレッジなど外部機関の講座を受講する人もいる[*9]。

写真5－1
パシラ図書館（筆者撮影）

写真5－2
赤十字トゥルクレセプションセンター（筆者撮影）

## 3．フィンランド語学習施設

ここでは、フォーマルな学びの場の例として、ヘルシンキ成人後期中等教育学校、インフォーマルな学びの場として、ヘルシンキ市パシラ図書館のランゲージカフェとヴァンター市のシルキンポルッティ活動センターの取組を紹介する。

**事例①　ヘルシンキ成人後期中等教育学校**

日本では定時制高校に相当する市立の教育機関で、午後5時までは全日制の高校の校舎として使われている（写真5-3参照）。筆者が2017年に訪れたのは街の中心部に位置する中央校舎であるが、その他市内には3つの校舎があり、そのうちの1校では午前中から移民のためのフィンランド語の授業が行われている。1946年創設の教育機関であり、フィンランド語のクラスは80年代後半から90年代頃に始められた。とりわけ、学校が現在の体制となった2009年以降に難民や移民が急増し、クラス自体も拡大したという。学校自体は移民に特化しているわけではなく、18歳以上の中等教育の卒業資格取得を目指す人を対象としているため、全教科合わせて約70名の教員が勤務しており、そこで学ぶ人の大半はフィンランド人である。受講者は必ずしもヘルシンキ市民である必要はないため、隣のエスポー市から通う受講生もいる。また、ヘルシンキ市の政策

写真5-3
ヘルシンキ成人後期中等教育学校（筆者撮影）

---

＊9　Suomen Punainen Risti, Turunvastaanottokeskus（赤十字トゥルクレセプションセンター）へのインタビュー調査、2014年2月24日

写真5－4　ヘルシンキ成人後期中等教育学校の授業風景（筆者撮影）

に則り、難民申請中の人も受け入れている。

受講生の国籍は約70カ国に及び、ある校舎では1つの教室に26カ国の出身者が学ぶ。クラスの人数は35名程度であり、昨今の難民増加にもかかわらず、受講者は減少傾向にある。その理由として考えられるのが、育児、離婚、病気、失業など個人的な問題である。中央校舎では、インテンシブコースが月曜から木曜の17時～20時15分（週4回）、仕事を持つ人の週2回のコースが同じ時間に行われている。筆者が見学した初級レベルのクラスでは、授業の冒頭、教員が熊のぬいぐるみを使って受講生の関心を集め、前回学習した動作の表現をフィンランド語で伝え、受講生がその指示通りに行動できるかどうかを確認していた（写真5－4参照）。中級レベルのクラスは、プロジェクターを用いて問題文を黒板に写し、問題の答え合わせをしていた。フィンランド語、若しくはフィンランド文学の修士号を持つ、ヘルシンキ大学ランゲージセンターに次いで高いレベルの資格を持った教員が指導にあたる。受講生は9カ月（560時間）の授業料125€に加え、35€の教材を購入する必要があるが、市内の学生や労働者には割引があり、難民等であれば労働局（TEオフィス）の手続きにより授業料が半額になるケースもある。

フィンランド語の教育機関では、いずれの機関においても、フィンランド語のレベルは欧州言語共通参照枠（CEFR）を参考に全くの初心者である0からネイティブ並みのCまで細かく分けられている（0、A1.1、A1.2、A1.3、A2.1、A2.2、B1.1、B1.2、B2.1、B2.2、C）。例えば、A1.1は挨拶ができるレベル、A2.2はゆっくり会話ができるレベルというように、各レベルでは具体的な目標が示される。成人後期中等教育学校の場合、1年受講すると通常A1.3

第 5 章　成人移民へフィンランド語教育を提供する公共施設

レベルまで到達するが、母国で高等教育を受けた人の中には A2.2 まで進む人もいるという[*10]。

### 事例 ②　パシラ図書館フィンランド語ランゲージカフェ

　ヘルシンキ市の中心館であるパシラ図書館では、ランゲージカフェというイベントが毎週開催されている。ランゲージカフェは元々隣国スウェーデンの図書館で行われていた、特定の言語の日常会話を通して語学力を向上させることを目的とした集まりである。パシラ図書館は、2018 年開館予定の新図書館 Oodi に向けた新たな取り組みとして、2009 年に国内で初めてフィンランド語のランゲージカフェを立ち上げた館の 1 つである。同図書館では、毎週水曜 14 時から、入り口横の S-Point という場所でこのランゲージカフェが開催されている。フィンランドを意味する Suomi の S、Sweden の S から名付けられた S-Point は周囲に開かれた空間であり、フィンランド語教材やフィンランドに関する本が置かれている（写真 5 − 5 参照）。ランゲージカフェでは、図書館から提供されるお茶やお菓子を片手に、毎週特定のテーマ（フィンランドの祭りやお祝い事、歴史上の人物など）に基づいて会話が進められる。登録なしに自由に好きな時に参加でき、1 つのテーブルをフィンランド語を母語とする図書館職員やボランティアとフィンランド語を母語としない 5 〜 6 名の参加者が囲む。2014 年の時点では毎週 20 〜 30 名の参加であったのが、欧州難民危機後の 2017 年

写真 5 − 5　パシラ図書館 S-Point（筆者撮影）

---

＊10　Helsinginaikuislukio（ヘルシンキ成人後期中等教育学校）へのインタビュー調査、2017 年 2 月 28 日

には40〜60名が参加するようになった。したがって、図書館ではS-Pointに加え、館内の他箇所も利用して場所を確保している。難民の他、隣接するビジネスカレッジの学生、配偶者としての居住者、労働者など参加者の背景は様々である。フォーマルなフィンランド語教育を受けて文法や読解を身につけ、更に会話力を高めたい人や、フォーマルな講座が満席で受講が叶わなかった人、自宅近くに講座実施機関がなかった人などが参加している。難民申請者の場合は受講の証明を得られれば交通費が支給されるため、わざわざ街の中心部のランゲージカフェに通う人もいる。また、図書館では、フィンランド語以外のランゲージカフェも開かれている。フィンランド語のランゲージカフェに参加していたスウェーデン語話者がホストとなり、2013年に始められたスウェーデン語ランゲージカフェには、両言語が必要とされる公務員就職、昇進を目指すフィンランド語話者や、学校で習ったスウェーデン語の会話力を更に伸ばしたいと願うフィンランド人が参加している。

　先に紹介したように、各図書館には、各種フィンランド語講座の案内も置かれている。加えて、パシラ図書館には1995年に国家予算により設けられた「多言語ライブラリー」という約120言語による図書コーナーがある（写真5-6参照）。専任職員と非常勤職員の2名が対応し、国内の他の図書館への貸し出しも行われている。例えば、北部ラップランドのロヴァニエミに住むソマリア人がソマリ語の書籍を希望した場合、ロヴァニエミの図書館がパシラ図書館にメールで問い合わせをし、翌週にはパシラ図書館のソマリ語の本のセットがロヴァニエミの図書館に届き、希望する利用者に3〜6カ月貸し出される仕組みになっている。なるべくヨーロッパ以外の希少言語の図書を収集することを目的としてい

写真5-6
パシラ図書館多言語ライブラリー（筆者撮影）

るため、コプト語、アラワク語などの言語による書籍もある。多言語ライブラリーには国の教育省から年間16万ユーロが提供され、そのうち5万ユーロが図書、雑誌、音楽などの資料購入に充てられている。

　その他にも、ヘルシンキ市の多文化政策により、図書館では人口比率に合わせて外国出身者を雇用することが求められている。2014年の時点では、イラン、ルーマニア、ロシア、エストニア、日本、ソマリア出身の正規職員、アルジェリア、アメリカ、チェコ出身の非正規職員が働いていたが、数字目標達成の実現は難しいという[*11]。

**事例③　シルキンポルッティ活動センター**

　ヴァンター市が第3セクターやボランティアらと共同して運営する、移民のための活動センターである[*12]。1992年に開設されたこのセンターは、ヴァンター国際空港に程近いトゥックリラの駅から徒歩5分ほどの所にある。その立地から、フィンランドがクォーター難民を受け入れ始めた当初、難民たちは空港から直接このセンターにやってきて生活に関するあらゆる支援を受けていた。また、首都ヘルシンキ市に隣接しているという地理的条件から、センターのあるヴァンター市に住む外国人はこの15年間に7,000人から2万7,000人へと急増している。2014年に筆者がセンターを訪れた際、利用者は、難民の他、ロシアから帰国したインゲル・フィン人、家族呼び寄せでやってきた人などであった。また、センターの職員は、フィンランド国内で引っ越しをする移民の住居探しや、移民女性たちが抱える問題の相談にも応じていた（写真5-7、写真5-8参照）。

　現在のセンターの案内の活動内容には、①縫物や編み物などの手芸、ディスカッションクラブ、宿題をする、他の人とフィンランド語で話す、②フィ

---

＊11　Pasilankirjasto（ヘルシンキ市立パシラ図書館）へのインタビュー調査、2014年2月25日、2016年2月23日
＊12　Silkinportintoimintakeskus

ンランド語を学ぶ、③他の移民と会う、④フィンランドのパン菓子を作る、⑤興味のある事柄に関する情報を得ることができる、とある。また、職員もかつて難民や移民として入国してきた経験を持つため、その他の情報や相談に関しても、フィンランド語、英語、ロシア語、エチオピアの言語であるアムハラ語やティグリニャ語で対応が可能である。職員はヴァンター市の職員であり、センターは移民の社会統合に関する活動や集会を開催する市の組織や民間団体に無料で場所を提供している。それぞれの団体の活動の詳細にまでは介入しないが、利用者は個人的なパーティや結婚式などを行うことはできない。自治体の規模が小さく、市の財政に限りがあるため、建物はかつての絹織物工場を利用しており、センターは幼稚園、学校、赤十字、キリスト教会など様々な組織や団体と協力関係を築くことで活動を継続してきた。

　2018年秋からの1週間のプログラムは、次の通りである（括弧内は活動運営主体、括弧のないものは記載なし）。

　月曜日：ディスカッションしながら遊ぶ（NGO）、5〜8歳児のための音楽
　　　　の基礎（ティックリラ図書館）
　火曜日：女性・母親のためのフィンランド語コース（NGO）、誰もが参加
　　　　できるフィンランド語のディスカッションクラブ、移民やボランティ
　　　　アのための住宅やピアサポート（市と財団の共催）
　水曜日：成人のための手芸
　木曜日：女性のためのフィンランド語コース（NGO）
　金曜日：無料のモーニングコーヒーと朝食（ティックリラ集会と移民サービス）

　年間のべ9,000人から1万人が何らかの形でこのセンターを利用している。中でも、母親のためのフィンランド語講座は人気が高く、60名ほどの参加者で満席となる。教室内でも、同レベル、同言語話者を同席させるなど工夫がされているという。言語を学ぶことだけでなく、交流を求めてやってくる女性も少なくない。このセンターで行われている地域ベースのインフォーマ

第5章　成人移民へフィンランド語教育を提供する公共施設

写真5-7　シルキンポルッティ活動センター（筆者撮影）　　写真5-8　シルキンポルッティ活動センター（筆者撮影）

ルな言語学習は、図書館のランゲージカフェと同様、知り合いや友人からの情報を通して参加へと至るケースが多いという。センターは移民のための施設だが、移民の社会統合にはフィンランド人の存在が不可欠であることから、特に利用者を外国人に限定している訳ではない[*13]。

## おわりに

　本章では、フィンランドの移民統合政策の一環として行われている、第2言語としてのフィンランド語教育について概観した。第1節では、フィンランドが国家として移民の持つ言語・文化を保持する形での「統合」策を採用していること、この20年間に統合に関する2つの法律が整備されてきたこととその内容について説明した。その中で、フィンランドでは、法律の制定を通して移民たちの文化の保持も含めた「統合」策が進められていることが明らかとなった。第2節では、移民のためのフィンランド語学習の形態と学習機会の情報提供方法について述べた。日本では、フォーマルな学習は民間

---

\* 13　Silkinportintoimintakeskus（シルキンポルッティ活動センター）へのインタビュー調査、2014年2月21日

の日本語学校、インフォーマルな学習は地域の日本語教室にそれぞれ相当すると考えられる。すなわち留学用の日本語学校、地域生活者や労働者向けの日本語教室という区分けが一般的だが、フィンランドでは様々な背景を持った移民や難民が公立、民間の区別なく、自分の要件に合った施設でフィンランド語を学んでいた。フォーマルな講座は市が運営するインターネットサイトFinnish Coursesで検索可能であり、同じページ上で自分の家から施設までの交通アクセスの詳細まで確認することができる。また、公共図書館という利用しやすい社会教育機関がコーナーを設けて情報提供を行っていることも、講座の受講やランゲージカフェへの参加者増加につながっていると考えられる。第3節では、フォーマルな学習形態とインフォーマルな学習形態による3つの事例を紹介した。①の成人後期中等教育学校は、定時制高校の中に移民のためのコースを設けており、その教育内容は受講生にとって厳しいものであると同時に、非常に充実したものとなっていた。②のランゲージカフェの行われている公共図書館は、多言語ライブラリーやフィンランド語教材を備えており、カフェの参加者は図書館で他の目的も同時に果たすことができる。③の地域活動センターは、外国出身者をスタッフに迎え、移民が安心して通うことのできる場として提供されている。公共施設としてそのような場を自治体が設け、利用者も多く、機能している点は参考にすべきである。しかし、地域のフィンランド人との関わりという点においては、先に挙げた学校や図書館の方が地域住民全体向けであるがゆえに必然的に多くなるのではないかと考えられる。

　このようにフィンランドでは、移民のフィンランド語学習に関し、検索も施設も一度で様々な目的が果たせるよう工夫がなされていた。また、共生という点においては、移民とフィンランド人が共に同じ施設を使うことにより、双方が互いの存在に気づくという効果も期待できる。但し、難民申請者の場合、通常保護の観点から地域の住民の中で暮らすという統合策の実現は難しいとされる。フィンランドでも、安全面や摩擦が起きた場合の対処法など課題は大きいが、同じ地域住民として認識されるためには、外国人が地域住人

とかかわりながら学習する場もある程度必要なのではないかと考えられる。


［参考文献］

堀内都喜子（2008）『フィンランド豊かさのメソッド』集英社新書

ビョルクルンドクリステル（2009）「現代移民の多様性：フィンランドの移民政策と里帰り移民──インゲル・フィン人の事例から」『国立民族学博物館調査報告』第 83 巻

大橋裕太郎（2014）「フィンランドの成人教育に関する考察──成人教育センター、オープンユニバーシティ、図書館に着目して」『地域活性研究』vol. 5

大谷杏（2018）「フィンランドにおける成人移民に対する第 2 言語としてのフィンランド語教育」『相模女子大学紀要』Vol. 81

# 第Ⅲ部

## 本から広がる図書館の取り組み

# 第6章

## 日本の多文化都市における図書館の取り組み
「多文化サービス」のあゆみと「安心の居場所」であるための提言

阿部 治子

## はじめに

　法務省入国管理局が2019年3月に発表した在留外国人数によると、2018年末現在の在留外国人数は約273万人であり、前年比で約17万人も増加し、過去最高を更新した。隣近所やコンビニエンスストア、飲食店、駅、電車・バス、職場、保育園、学校、公園などで、海外にルーツをもつと思われる人と接することが日常的になりつつある。

　これからは、どの公立図書館でも、地域で暮らす多様な住民の構成割合に応じて、多言語の一般書や絵本・児童書などの収集や貸出、多言語でのお話し会、日本語および母語等の学習支援などのプログラムが必要であり、人権・人格を尊重した関係を築くための日本語および母語で書かれた資料の提供、学校や他の社会教育機関との連携など、さまざまな対応を迫られるようになってくると思われる。

　公立図書館における多文化サービスは、外国籍住民や海外にルーツをもつ住民が多くなった昨今では、あたりまえに行われるべき基本的なサービスである。

しかし図書館によっては、外国籍住民等へのサービスを、余力があったら取り組むと考えている場合も少なくない。

私が委員を務めている日本図書館協会多文化サービス委員会（以下、「JLA多文化サービス委員会」という）では、地域に住む多様な文化・言語・国籍を持つ人々と違いを認め合い、共存し、お互いに尊重し合える社会の実現を目指すための図書館サービスの普及に努めている。その活動の一環として、2015年に全国の図書館を対象とした調査[*1]を実施し、17年前に実施した前回調査と比べて、地域で暮らしている外国籍住民等へのサービスに進展があったか、図書館が直面する課題は何かなどの分析を行った。

そこで本章では、民族的・言語的・文化的少数派の住民（以下、「マイノリティ住民」という）を主たる対象としつつも、多数派（以下、「マジョリティ住民」という）としての日本籍住民も対象とした公立図書館における「多文化サービス」のあゆみを述べた後、多文化サービス実態調査から見えてきた日本の公立図書館の現状や課題に触れると共に、自治体の多文化共生施策との関係や、図書館が「安心の居場所」であるための提言を行う。

## 1．図書館の多文化サービスのあゆみ[*2]

**各国でのはじまり**

図書館の多文化サービスは、1960〜1970年代以降、アメリカ合衆国におけるアフリカ系アメリカ人の公民権運動の進展と、それに続く各マイノリ

---

[*1] 日本図書館協会多文化サービス委員会編（2017）『多文化サービス実態調査2015報告書』日本図書館協会
[*2] 日本図書館協会多文化サービス研究委員会編（2004）『多文化サービス入門』日本図書館協会
小林卓、高橋隆一郎（2009）「図書館の多文化サービスについて——様々な言語を使い、様々な文化的背景を持つ人々に図書館がサービスする意義とは」『情報の科学と技術』Vol. 59、No. 8、397-402頁

ティ住民の民族意識の高揚や、北西ヨーロッパにおける外国人労働者の大規模な受け入れに代表される国際労働力移動の活発化、そしてカナダ、オーストラリアなどの国での多文化主義政策などを背景として発展してきた。

それらの国々では、マイノリティの母語による資料やその国の主要言語習得のための語学資料、出身国の言語の学習に必要な資料、異文化間の相互理解に必要な資料の提供のほか、マイノリティの母語による読み聞かせなど、地域の文化的多様性を反映した多文化サービスは、図書館の基本的なサービスのひとつとして位置付けられるようになっている。

### 日本のあゆみ
#### ① 同じ住民としての権利

日本では、1960年代後半以降の公立図書館が発展する中で、「いつでも、どこでも、誰にでも、どんな資料でも」の合言葉をもとに、すべての住民に対して公平で平等な図書館サービスが提供されるべきであるという「同じ住民の権利としての図書館利用」という概念が浸透した。

また、1971年に視覚障害者読書権保障協議会が出した「視覚障害者の読書権」のアピールにより、視覚障害者を含めた障害をもつすべての住民に対する読書権の保障の必要性と図書館の責務が認識されるようになっていった。

なお、ここでいう障害者とは、法律上の「障害者」ではなく「図書館利用に障害がある者」と位置付けているため、社会的条件や母語の違いをカバーする作業が十分でなければ、図書館を利用することができない外国籍住民等は、「図書館利用に障害がある者」に含まれると考えられるようになった。

#### ② 多文化サービス概念の芽生え

日本の公立図書館における多文化サービスの概念が普及する大きな契機となったのは、1986年8月のIFLA (International Federation of Library Associations and Institutions) 東京大会において、日本のマイノリティ住民に対する図書館サービスの不足が浮き彫りとなり、「マイノリティ住民が必要

とする情報や資料は何かを調査し、その調査に基づいて解決の道を提示すること」という大会決議が採択されたことが挙げられる。

　一方、公立図書館が市民生活の中で必要なものと認識されるにつれ、行政の中でも、図書館振興策などが策定され、資料構成も変化していく。例えば、東京都では1970年に、「図書館政策の課題と対策──東京都の公共図書館の振興施策」を策定し、1973年に開館した都立中央図書館では、それまで収集していた「洋書」だけでなく、現代中国語図書の収集を始め、続いて韓国・朝鮮語（ハングル）資料の収集も開始している*3。

　しかし、多文化サービスとしてのマイノリティ住民を意識した公立図書館の出現は、ようやく1980年代になってからである。

### ③ 多文化サービスのあけぼの

　日本の公立図書館における多文化サービスの先駆的な事例として、1988年6月に大阪市立生野図書館が「韓国・朝鮮図書コーナー」*4を開設したことが挙げられる。

　このコーナー設置経緯については、海外の多文化サービスの動向に影響されたのでも、多文化サービスの概念が先にあったのでもなく、地域の図書館として何をすべきかを自ら追求した結果だった。当時、マイノリティ住民から直接要望が図書館に寄せられていたわけではなかったが、コーナーを設置したことが呼び水となり、マイノリティ住民のニーズを顕在化させた。

　そして、単に韓国・朝鮮語（ハングル）資料を収集するだけではなく、マ

---

＊3　迫田けい子（2016）『歩みをふりかえって　都立図書館の司書として──中国、韓国・朝鮮語資料、組合活動を中心に』女性図書館職研究会・日本図書館研究会図書館職の記録研究グループ

＊4　村岡和彦（1988）「生野図書館の"韓国・朝鮮図書コーナー"訪問」『みんなの図書館』No. 139、60-71頁
　　高畑圭子（1992）「図書館における多文化サービスの試み（在日外国人の暮らしと学習権──続）」『月刊社会教育』Vol. 36、No. 3、54-57頁

第6章 日本の多文化都市における図書館の取り組み

写真6-1 生野図書館の「韓国・朝鮮図書コーナー」
(2012年:筆者撮影)
このコーナーには、韓国・朝鮮の歴史や文化などを知ることができる日本語図書や韓国・朝鮮語(ハングル)図書の一般書と児童書が並んでいる(左・右上)。韓国・朝鮮語(ハングル)で書かれた新聞・雑誌もまとまって近くに置かれている(右下)。

イノリティ住民のルーツに関わる歴史を正しく伝える日本語資料も収集することで、マイノリティ住民のアイデンティティの確立と共に、マジョリティ住民にとっても自己を知るための場所としてコーナーが機能した。

④ 多文化サービスの進展

　1990年代に入ると、首都圏や産業が盛んな都市を中心に新規入国者が急増した。それに伴い、自治体にとって「国際化施策」が喫緊の課題となり、いわば時のブームのように国際化施策に予算がつきやすい状況が生まれた。1988年に開設された大阪市立生野図書館の「韓国・朝鮮図書コーナー」や厚木市立中央図書館の「国際資料コーナー」をモデルに、多文化サービスをはじめる公立図書館が少しずつ現れた。

　主な例を挙げると、1995年には豊島区立中央図書館が、外国籍住民の構

成割合を意識して、中国語（簡体字・繁体字）資料、韓国・朝鮮語（ハングル）資料、英語資料等で構成された「外国語図書コーナー」*5 を開設した。

1996年には福岡市総合図書館が、在福領事館のある国や政府関係機関のある国などを中心に70以上の国や地域の資料を置く「国際資料コーナー」を開設した。

同年7月、大阪市立中央図書館新館が、英語、韓国・朝鮮語（ハングル）、中国語（簡体字・繁体字）などの資料で構成された「外国資料コーナー」を開設。

2000年には群馬県の大泉町立図書館が、南米出身の住民のための「ポルトガル語コーナー」を開設*6 した。

その後は、各自治体の財政状況が深刻化したため、公立図書館にもその影響が及んだ。多文化サービスのための新規・拡充予算が財政部門から認められにくくなり、多言語資料コーナーの開設や多言語資料の蔵書更新（新たな資料の購入や扱う言語の種類の追加など）が財政的に厳しい状況となってきている。

⑤ ある図書館における試み

これから述べる公立図書館の取り組みは、決して一般的な事例とは言えない。しかし、特別な予算や人員もない中で、図書館の本来業務として取り組んだ実践例として紹介したい。

(i)「ビルマ語*7 の漫画を読みたい」

1998年のある日のこと、司書として図書館で働きはじめたばかりの女性

---

*5　阿部治子（1998）「図書館員のためのステップアップ専門講座 − 第13回 − 外国語資料の収集——豊島区の事例から」『図書館雑誌』Vol. 92、No. 9、781-783頁
*6　瀧澤憲也（2012）「ブラジル、ペルー、ラテンアメリカの人たちへの図書館サービス」『現代の図書館』Vol. 50、No. 3、175-180頁
*7　ミャンマーで使われている言語なのでミャンマー語ともいうが、ここでは、「ビルマ語」と称する。

が、カウンターでミャンマー系住民からのリクエストを受けた。

　一般的に公立図書館では、その図書館にない資料を要求された場合、どこに行けばその資料が見られるのかを紹介するレフェラルサービスや、所蔵している図書館への貸出協力依頼を行い、取り寄せて住民に提供するサービスを無料で行っている。

　そのため、彼女はミャンマー人が比較的多く住んでいるほかの自治体の図書館に所蔵の有無を確認したが、ビルマ語の漫画本どころか絵本や一般書を所蔵している公立図書館は、全国のどこを探してもなかった。

(ⅱ) エスニック・コミュニティを訪ねて

　「全国のどこの図書館もビルマ語の本を入れていないのならば、うちで収集するしかない」と彼女は考え、ビルマ語の資料を扱っている国内の専門書店を探した。しかし、唯一扱っていた書店では仏典しか置いていなかった。

　次に、ミャンマー系住民が利用しているレストランや雑貨店、中古車輸出業者、エスニック・メディア、同胞のために自宅で日本語を教えている人を訪ね、本の入手方法を探った。訪問先で、「図書館は、誰でも自由に出入りできて、読みたい本を好きなだけ読めます。さまざまな情報も得られます。もし故郷の本が図書館にあったら、故郷とのつながりを感じることができます」と説明して回り、協力を求めた。

(ⅲ) 「夜間図書館」を開設

　しかし、当時のミャンマー系住民の多くが、朝早くから夜遅くまで働いており、図書館を利用したくても利用できないことがわかった。

　そこで、彼女は実験的にミャンマー・レストランの一角を借りて週末の夜だけ「夜間図書館」を開くことにした。そのレストランには、週末になると故郷の味や母語で話せる友を求めて、遠方に住んでいる人まで集まってきていたからだ。

　「夜間図書館」を利用したいという人に対して、彼女はその場で図書館の

利用者カードを発行し、希望に応じて英語の本やビルマ語で書かれた日本語学習本などを貸し出した。

当時、彼女が勤めていた図書館では、利用者カードを作るときの住所要件がなかったため、どの自治体に住んでいる人でも図書館の本を借りることができた。時には、住所を設定することができない人にも、福祉部門と連携して本人確認を行い、利用者カードを発行して本を提供した。また、オーバーステイの人にも、福祉部門や民間の支援団体等と連携し、在留資格の更新手続きが遅れた理由やシェルター等での生活状況、入国管理局への在留資格の申請手続状況等の確認を行ったうえで、彼女が本をシェルター等に届けることもあった。

もちろん、図書館が開いている時間帯に図書館を利用できる人ならば、利用者カードを持っていなくても、館内で本や雑誌・新聞を読んだり、視聴ブースで音楽を聴いたりしても、誰からも何も本人確認されることはない。出入りするのに許可もいらない。喉が渇けば水は飲めるし、トイレも使える。エアコンも効いている。終日何もしないで、窓から見える景色を眺めて過ごすのも自由だ。

(ⅳ) 対面によるニーズ調査

彼女は、「夜間図書館」を開きながら、「どのような本を読みたいのか」「必要な生活・行政情報をどのように得ているのか」「日本で生まれた子どもたちは、ビルマ語や祖国の歴史・文化をどのように学んでいるのか」などと、レストランにやってきた人々から話を聴いた。

そうこうしているうちに「夜間図書館」の利用者やレストランの常連客の中から、「みんなの役に立てるのであれば」とビルマ語の漫画本だけでなく、詩集や手記、雑誌・新聞などを寄贈してくれる協力者が現れた。

(ⅴ) 「本」が「存在」を伝える

彼女がリクエストを受けてからひと月以上もかかったが、ようやく入手で

きたビルマ語の漫画本を、リクエストした住民に手渡した。「嬉しい」「ありがとう」の言葉を何度も口にした。「図書館にいると寂しさを忘れる」と、借りたばかりの漫画本や詩集を胸に抱えて、椅子に座りゆっくり味わうように読みはじめた。

後日、ビルマ語の漫画本などを図書館に寄贈してくれた人が、同胞の友人たちを連れて図書館にやってきた。自分が寄贈した本が、本当にみんなの役に立っているのかを自分の目で確認するためだ。実際に、自分が寄贈した本が図書館の書架に並んでいるのをみて、本人も友人たちも驚き、喜んだ。「日本で生活している自分たちの存在を、本が代わりに伝えてくれている」と。

## 2．調査からみる図書館の多文化サービスの現状と課題

2015年、JLA 多文化サービス委員会は、全国の公立図書館および大学・短期大学・高等専門学校図書館を対象に「多文化サービス実態調査」を実施し、2017年3月、その調査結果を『多文化サービス実態調査 2015 報告書』[*8]にまとめた。この報告書の中から、公立図書館の多文化サービスの現状についてみていく。

なお、日本図書館協会はこれまで公立図書館の多文化サービスに関する調査を4回実施している。最初はIFLA 東京大会の決議を受けて行った1988年、次に1998年、2002年の5項目に限定したミニ調査、そして今回の2015年である。このうち、1998年調査結果との比較で分析する。

① 調査方法：全国の自治体にある中央館的な位置づけの基幹図書館（組織上、管理職が館長を務める図書館：1366館）にアンケート用紙を送付し、地域図書館（組織上、基幹図書館の指導・監督下にある図書館）への周知も依頼
② 回答方法：メール、ファックス、郵送のいずれか

---

*8　再掲（注1参照）

③ 実施期間：2015年10月9日〜12月20日
④ 調査内容：第1部（基本的質問）、第2部（詳細質問）
⑤ 自治体回収率：73.6%（回答自治体数1005；配布自治体数1366）　※館数は1182

　なお、回収率は、同一自治体にある複数の図書館からの回答があった場合でも、一館として計算した。

【課題に関する質問】外国籍住民へのサービスを行う際に、各図書館が課題だと考えている内容に近いものを選択肢の中から選んでください（複数回答可）。

| ① 地域の外国人ニーズが不明　847館 | ⑦ 電算入力できない文字がある　357館 |
|---|---|
| ② 職員の外国語対応能力の不足　800館 | ⑧ 資料購入ルートの確保が困難　305館 |
| ③ 資料費がない・少ない　541館 | ⑨ 外国人は図書館に来ない　158館 |
| ④ 外国語図書の選書発注が困難　520館 | ⑩ 日本語の資料で満足しているようだ　84館 |
| ⑤ 図書館のPR不足　513館 | ⑪ 地域に外国人が住んでいない　19館 |
| ⑥ 外国語図書の整理が困難　366館 | |

※ 質問に対する選択肢を、回答の多い順に並べ替えて記載

　今回の調査で、多文化サービスの課題として最も多くの公立図書館が選んだのが、「地域の外国人ニーズが不明」という回答である。それに関連して、外国籍住民に対するニーズ調査を行うことについて「事例がない」と回答した館が1019館（86.2%）にも上った。1998年調査でもニーズ調査の「事例がない」と回答した館は93.9%であり、前回の調査時から17年経過していてもなお、ほとんどの公立図書館がマイノリティ住民に対するニーズ調査を行っていないことが判明した。

　大阪市立生野図書館の場合、多文化サービスを実施するためにまず行ったことは、足を使った「ニーズ調査」である。地域の公立学校（夜間中学校含む）や民族学校、猪飼野朝鮮図書資料室、外国語図書を扱う書店を訪れて話を聞いた。そして在日韓国・朝鮮人が生きていく上で直面するさまざまな課題を知ることで、潜在的なニーズを把握した。

　もしも、生野図書館のように図書館が独自にニーズ調査を行うことが困難

であれば、自治体が定期的に実施している「住民意識調査」の対象に、全住民数に占める割合に応じて「外国籍住民」も加え、図書館に対するニーズを知るための質問項目を追加するといった方法も考えられる。

また、各自治体の多文化共生に関わる部署や関係機関、大学、研究活動団体、NPO、支援団体、日本語学校、エスニック・コミュニティ等と連携して、外国籍住民へのニーズ調査を実施するやり方もあるだろう。

いずれにせよ、「多文化サービスの基本は、まずその存在やニーズに"気がつくこと"からはじまる」[*9]とされている。次の全国調査では、サービス対象であるマイノリティ住民へのニーズ調査を行わずして、「地域の外国人ニーズが不明」「外国人は図書館に来ない」「日本語の資料で満足しているようだ」と回答する公立図書館がなくなることを期待したい。

## 3．多文化共生施策と図書館の多文化サービス

国は、全国の自治体に対して、国際化・多文化共生施策の方向性を示している。例えば、1980年代後半から「国際交流」と「国際協力」を柱として地域の国際化を推進するため、「地方公共団体における国際交流の在り方に関する指針」（昭和62年3月自治画第37号）、「国際交流のまちづくりのための指針」（昭和63年7月1日付自治画第97号）、「地域国際交流推進大綱の策定に関する指針」（平成元年2月14日付自治画第17号）を全国の自治体に通知した。

2000年代に入ると、「地域における多文化共生」を第3の柱として地域の国際化を推進するため、「多文化共生の推進に関する研究会報告書」（平成18年3月7日）を公表するとともに「地域における多文化共生推進プラン」（平成18年3月27日付総行国第79号）を全国の自治体に通知した。

自治体は、このような国からの通知を受けて、条例や基本構想、基本計画

---

＊9　平田泰子（2018）「在住外国人への図書館サービスの現状――「多文化サービス実態調査2015」をもとに」『専門図書館』No. 287、15-20頁

などを根拠に、国際化・多文化共生推進施策を実施するのが一般的である。
　一方、公立図書館は、図書館法を根拠に図書館サービスを実施しているため、その自治体の国際化・多文化共生施策の中には位置づけられない、もしくは施策の中から漏れてしまうことがある。
　例えば、大阪市では 1998 年 3 月に「外国籍住民施策基本指針」を策定し、それに基づく取り組みをまとめたが、大阪市立生野図書館の事例は外国籍住民施策として位置付けられなかった。大阪市では基本指針を 2004 年 3 月に改定した後も、指針に基づく取り組みについて定期的に公表しているが、生野図書館の事例が取り上げられたことは一度もない。
　また、前述の『多文化サービス実態調査 2015 報告書』結果をみても、「国際化等を担当する部局・外郭団体・民間団体等と意見交換や連携を行っている」と回答した図書館は、全体の 11％に過ぎなかった。
　今後、図書館の多文化サービスを発展させていくには、教育委員会に属する公立図書館が、積極的に首長部局の国際化・多文化共生施策部門等と連携することが欠かせない。

## 4．「安心の居場所」としての図書館

　現在、公立図書館の本来業務として、マイノリティ住民が使いたくなる図書館をめざして取り組んでいる例として、新宿区立大久保図書館を紹介したい。
　新宿区立大久保図書館は、2010 年の 10 月、韓国・朝鮮語（ハングル）、中国語、英語資料の 3 言語を中心とした「多文化図書コーナー」を開設した。
　この大久保図書館では、2012 年にはタイ語やタガログ語の資料を追加し、2016 年にはベトナム語、ネパール語など資料の言語数を増やした。現在も、中国語、韓国・朝鮮語を話せる職員を雇用し、多言語によるレファレンスや多言語による読み聞かせ、外国籍・日本籍利用者による書評合戦、近隣の学校教育機関に出向いて韓国語・中国語によるお話し会を開くなど、他機関・

第6章　日本の多文化都市における図書館の取り組み

写真6－2　新宿区立大久保図書館の「多文化図書コーナー」(2018年：筆者撮影)
「多文化コーナー」「多文化図書」「外国語の本」という館内表示（左）とともに、図書館の中の比較的目立つ場所に多文化コーナーが設置されている（右）。

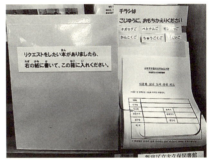

写真6－3　左：多言語による読み聞かせ　右：多文化コーナー図書推薦カード
(2018年：写真提供　新宿区立大久保図書館)

他団体との連携も積極的に行われている。

　また、大久保図書館は、多言語資料の収集を行うだけではなく、「多文化コーナー図書推薦カード」を設けて、外国籍の利用者が母語の資料をリクエストできることを、利用者の母語で伝える工夫が施されている。館内サインも多言語で表示するなど、初めて図書館を訪れた外国籍利用者が、誰かの助けを借りなくても自力で自分が求める場所にたどりつけるような配慮もなされている。

こうした大久保図書館の活動は、NHKのドキュメンタリー番組でも紹介され、メディアで話題になったこともあり、これまであまり知られていなかった図書館の多文化サービスが、広く社会に知られることとなった。

## おわりに

　以前、これから公立図書館で多文化サービスをはじめようとしている、あるいは、はじめたけれどもこれでいいのかと悩んでいる人を想定して、JLA多文化サービス研究委員会（現在は「JLA多文化サービス委員会」に名称変更）として『多文化サービス入門』*10を出した。
　そのときも、そして今も変わらずわたしたちが最も伝えたいことは、

「多文化サービスはけっして特別なサービスではない」
「いつも使っている図書館が、その人の"居場所"になってほしい」

　ということである。
　前述の『多文化サービス入門』の「おしまいに」に、渡辺有理子さん（シャンティ国際ボランティア会）がミャンマー（ビルマ）難民キャンプで図書館づくりに携わったときに出会った子どもから手渡されたという詩をお借りして掲載したが、今回もその子どもが作った詩をお借りしてむすびたい。

　ぼくは図書館がだいすき
　世界でいちばんだいすき
　とても悲しい気持ちのとき
　図書館に行くといつも気持ちが軽くなる

---

＊10　再掲（注2参照）

図書館の中にはたくさんの本がある
本のなかにはたくさんの知識がつまっていて
多くの知らないことを知ることができる
毎日ぼくは学校が終わると走って図書館に行く

図書館に行くと幸せな気持ちになれるから
自然と笑顔になれるから
図書館で知ったことは、ぼくの人生にとって
金のように光り輝く

どうか図書館がぼくのそばからなくなりませんように
ぼくに未来の希望をあたえてくれる場所だから
ぼくは世界で一番図書館が好き


Saw Pa ThaKler（10歳）


[参考文献]
日本図書館協会多文化サービス研究委員会編（2004）『多文化サービス入門』JLA図書館実践シリーズ２、日本図書館協会
矢野泉編著（2007）『多文化共生と生涯学習』明石書店
国際図書館連盟（IFLA）多文化社会図書館サービス分科会編、日本図書館協会多文化サービス委員会訳・解説（2012）『多文化コミュニティ　図書館サービスのためのガイドライン　第３版』日本図書館協会

# 第7章

# 多民族国家シンガポールを支える図書館

国民統合と多民族共生

宮原 志津子

## はじめに

**多民族国家シンガポール**

　東南アジア地域に位置するシンガポールは、東京23区と同じ程の面積の島国である。天然資源はほとんどなく、周囲をインドネシアやマレーシアといった東南アジアの大国に囲まれているため、独立時には国の存続すら危ぶまれたほどであった。しかしリー・クアンユーをはじめとする人民行動党政権による徹底した国民管理により、アジア経済危機やグローバル化に伴う国際環境の大きな変

写真7－1
シンガポールの新たなシンボル　マリーナ地区（筆者撮影）

化の中においても着実に発展を遂げ、国際社会での存在感を高めてきた。今やシンガポールの一人当たりGDP値は日本の値を上回っており、高い教育レベルや優れた都市環境システム、周辺国より高い賃金、企業等への税制優遇措置など、多くの人を惹きつける都市国家に成長した。

シンガポールは「多民族国家」と形容されることが多い。統計によると「シンガポール人」の内訳は、華人74％、マレー系13％、インド系9％等であり、多くは中国（主に福建や広東など中国南部）にルーツがある華人である[*1]。1965年の独立以降人口は増え続けているが、民族の構成はわずかな増減を繰り返しながらも、ほぼ同じ比率を保っている[*2]。

「多文化社会」の色合いをさらに多彩にしているのが、外国人の存在である。多くの外国人労働者や滞在者を抱えるシンガポールでは、外国人のカテゴリーは厳密に区別されており、居住者（Resident）か非居住者（Non-resident）かに属するかによって、図書館利用を含めた行政サービスや社会保障を受ける上で大きな違いが生じてくる。

シンガポール統計局の定義では、「居住者」とはシンガポール国籍があるシンガポール市民（Singapore Citizens: SCs）及び永住権所有者（Permanent Residents: PRs）が含まれる。永住権所有者は参政権がないものの、公団住宅や教育などで市民に準ずる優遇的な扱いを受けられる。そこで本稿では「居住者」を「シンガポール人」と称することにする。

一方「非居住者」とは、観光客や短期訪問者を除いた、一定期間仕事や留学などで滞在する外国人を意味する。2018年の統計では、シンガポールに住む564万人のうち、シンガポール市民は347万人、永住権所有者は52万人、外国人は164万人である。外国人は労働者が多く、民族の内訳は、フィリピンとコーカサス（アゼルバイジャン、ジョージア、アルメニア）出身者が圧倒的

---

[*1] 外務省「シンガポール共和国基礎データ」平成31年1月16日
[*2] Saw, Swee-Hock (2012) The Population of Singapore Third Edition. Institute of Southeast Asian Studies, p. 28-31.

に多くなっている*3。

　シンガポールでは独立以降、深刻な民族対立は起こっていない。それは政府がシンガポール人としてのアイデンティティを創出するだけでなく、国内に住む様々な民族の価値を相互に認め共生を図ることが、国内の政治的・経済的な安定を図るための最も重要な国是であると認識しており、様々な政策を行っているからである。図書館を含めた公的機関は、シンガポール人としての統合と多民族の共生に向けた様々な施策を行ってきた*4。本稿では、公共図書館による統合と共生に関する取り組みについて、具体的に紹介する。

**シンガポールの図書館**

　初めに、シンガポールの公共図書館について紹介しよう。公共図書館は1990年代の大規模な図書館改革を機に、先進的なITサービスの導入、洗練された図書館空間、館数の増加によるアクセスの向上、専門的なスタッフの

写真7－2　左：国立図書館全景　右：中央図書館入口（筆者撮影）

---

＊3　Singapore Department of Statistics (2018) "Population Trends 2017".
＊4　宮原志津子（2006）「シンガポールにおける図書館情報政策「Library2000」の策定と公共図書館の社会的役割の変容」『日本図書館情報学会誌』52巻2号、85-100頁

配置などにより、世界でも有数の質の高いサービスを提供する図書館となった。図書館は平日休日問わず多くの利用者でにぎわっており、様々な年齢や民族の人々から利用されている。

シンガポールには地方自治体がないため、公共図書館は、国立図書館庁（National Library Board）が統括している。全土に26の公共図書館があり、中央図書館（Central Public Library）は、国立図書館の地下階に設けられている。公共図書館では貸出や各種行事など、日本の公共図書館と同様のサービスが行われているが、専用機器（e-kiosk）やスマートフォンのアプリ（NLB Mobile）の開発による登録や予約などの利用者サービスの機械化や、電子図書館の充実などに世界でもいち早く着手するなど、IT先進国の面目躍如といったサービスを大胆に展開している。

## 1. 国民「統合」と多民族「共生」のための政策

### 「統合」と「共生」を重視する背景

多民族国家シンガポールでは、特定の民族の価値を優遇するのではなく、異なる民族の文化や言語を尊重することを国民に求めている。その象徴の1つが、学校行事や公的式典などで唱和が義務付けられている「国民の誓い（National Pledge）」である。

> 我々シンガポール国民は、
> 　人種、言語、宗教にかかわらず、
> 　一つの団結した国民として、
> 　国家の幸福、繁栄、発展を達成するために、
> 　正義と平等に基づいた、
> 　民主的な社会を築くことを誓います。

先に述べたように、シンガポール国民としての「統合」と多民族の「共生」

は、国家の「生き残り」のための不可欠な国是である。「多人種主義」*5 と
いうイデオロギーが示すように、政府はすべての民族を平等に扱うことに注
力してきた。そこで本節では、「統合」と「共生」を重視する歴史的背景に
ついて述べる。

　シンガポールの歴史は、イギリス東インド会社のスタンフォード・ラッフ
ルズが1819年に訪れたことから始まる。当時はわずかなマレー人や華人が
住む小さな漁村であったが、ラッフルズが自由競争による貿易を許したこと
で、東西を結ぶ中継貿易の自由港として急速に発展した。職を求めて多くの
移民が流入したが、彼らの帰属意識は常に故国へ向けられており、シンガ
ポール人としての意識は形成されなかった。またラッフルズは民族間での紛
争を避けるために中国人街など民族別に居住区を分けたが*6、これは後の国
民統合への大きな障壁となった。19世紀末頃から移民の定着化が進んだが、
イギリス式の英語校には手厚い保護と援助を与えたのに対し、中国系の華語
校やインド系のタミル語校など学校には一切の援助を行わなかった*7。政府
は英語校出身者によって占められており、英語を話すことができる者と話
すことができない移民との間には社会的な格差も生じた*8。シンガポールは、
言語や文化が異なるグループに分裂していったのである*9。

　シンガポールは1959年にイギリスの自治領、1963年にはマレーシア連邦

---

＊5　「多人種主義」とは、「様々なコミュニティに対する文化的寛容」を示す。シンガポー
　　ルの国民統合の根幹を成すイデオロギーで、1965年の独立以来、シンガポールにお
　　ける国民統合政策は全て「多人種主義」に基づいて実施されてきた。坂口可奈（2011）
　　「シンガポールにおける『多人種主義』再考」『早稲田政治公法研究』Vol. 97、17-30頁
＊6　田村慶子（2000）『シンガポールの国家建設——ナショナリズム、エスニシティ、
　　ジェンダー』明石書店、29-32頁
＊7　Wong, Ping Fah, Goh Choon Kang. ed. (1988)『シンガポールの政治哲学（上）』田中
　　恭子訳、井村文化事業社、283頁
＊8　岩崎育夫（1996）『リー・クアンユー——西洋とアジアのはざまで』岩波書店、32
　　頁
＊9　田中恭子（1988）「複合移民社会の国民統合——シンガポールの場合」西川長夫ほ
　　か編『アジアの多文化社会と国民国家』人文書院、87-88頁

127

の一州となり、人民行動党のリー・クアンユーが首相となった。マレーシア連邦ではマレー人優遇策が採られたが、それは華人が多いシンガポールには受け入れられない策であった。人民行動党は1965年に全民族が平等に扱われる政策を掲げたが、圧倒的な経済力をもつ華人の政治的・文化的優位を恐れるマレー人との亀裂が深まることになった[*10]。こうして連邦内に居場所をなくしたシンガポールは、1965年に追い込まれる形で独立したのである。

　人種政策の違いが独立の引き金になったシンガポールにとって、国民に「シンガポール国民」として国家への帰属意識を持たせて国民統合を図り、独立後の国内の安定を図ることは、国家としての「生存」を確保するための最優先の政策であった。政府は貿易・金融の拡大や製造業の就業機会の増加により、国民の経済的な不満を解消する一方、国民統合を促進することで社会の安定と発展をもたらした。国民統合の問題は国家の存続や発展を考える上での重要な問題であり、経済成長とあわせた二大国是となってきたのである。

　では図書館は「統合」と「共生」にどのように関わっているのだろうか。言語政策とコミュニティ政策との関係から考えてみよう。

**言語政策と図書館**

　独立後の言語政策では共通語・中立的な言語として、英語が選ばれた。だが英語教育の推進により、各民族の文化や活力が奪われる事態が生じた。そこで1966年より学校教育では英語＋民族語の2言語に転換し、英語・華語・マレー語・タミル語の学校に平等の地位を与え、すべての学校でこれら4言語のうち英語を含む2言語を必修とする「4言語の平等と英語を含む2言語教育」が始まった。

　リー・クアンユーは英語と母語（民族語）の異なる役割について、「母語の

---

＊10　田中恭子（1988）「複合移民社会の国民統合──シンガポールの場合」西川長夫ほか編『アジアの多文化社会と国民国家』人文書院、91-92頁

単一言語主義をとっていたら、経済成長は不可能」であり、逆に「英語の単一言語主義をとることは文化的アイデンティティや、世界の中の私たち自身の位置づけに対する静かな自信を失う」と述べている。2言語教育の効果については賛否両論あるが、シンガポールでは統合と共存のための「最善のやり方」と位置付けられているのである[*11]。

国立・公共図書館においても4言語の使用が徹底された。国立図書館では、公用語である英語、華語、マレー語、タミル語の資料収集が行われている。選書方針には4言語で各種資料を提供することが記されており、言語が異なっても同じ内容の基準で選書を行うことが決められている[*12]。さらに4言語での目録や図書館パンフレット、館内のサインも作成され、現在においてもこの方針は続いている。

**コミュニティ政策と図書館**

シンガポールのコミュニティ形成の基盤は、住宅開発庁（Housing & Development Board）の公営住宅（HDB住宅）にある。持ち家政策により国民の約8割がHDB住宅に住み、そのうち9割以上が持ち家となっている。賃貸ではなく自分の家を持

写真7-3　HDB住宅（筆者撮影）

---

* 11 Lee, Kuan Yew. (2000) The Singapore Story : Memories of Lee Kuan Yew. The Straits Times Press and Times Editions Pre Ltd. 小牧利寿訳『リー・クアンユー回顧録（下）』日本経済新聞社、148-149頁
* 12 Anuar, Hedwig. (1975) "The National Library of Singapore" Tee, Lim Huck, Rashidan Begum ed. National and Academic Libraries in Malaya and Singapore. Persatuan Perpustakaan Malaysia and Library Association of Singapore, p. 40-41.

つことで、シンガポールへの帰属意識を植え付けることがねらいとなっている。植民地時代からの民族による集中居住区制度を見直し、特定の民族が1つのHDB住宅に集中することなく、各民族間のバランスを保ちながらコミュニティを形成することで、民族間の交流を図っている。

　このHDB住宅を中心に、最大で5万戸ほどのニュータウンが形成されている。鉄道駅や大型バスターミナルが整備され、ショッピングモールやマーケットなどの各種店舗、フードコートやホーカーズ（屋台村）、銀行、病院、公園等を備えたタウンセンターが設けられている。

　1992年の図書館改革以前には7館しかなかった公共図書館は、全土のニュータウンの整備に合わせて図書館が設置され、2018年現在では26館まで増えている。各ニュータウンにある公共図書館は、駅前やHDB住宅の近くに建てられており、ゆったりとした造りで、リノベーションも頻繁に行っている。近年は日本でもカフェを併設するなど、心地よい居場所としてのあり方を追求する公共図書館も増えてきたが、シンガポールではかなり前から、図書館空間のありかたの再検討を進めてきた。多民族の市民が1つの空間で、それぞれ思い思いにリラックスして過ごすことができる「居場所」の創出に工夫を重ねてきた。

　また住宅街だけでなく中心部の大型モールなど、市民だけでなく観光客なども多く行き交う場所にも図書館が設けられている。たとえばオーチャード

写真7-4　ショッピングモール内にあるオーチャード図書館（筆者撮影）

図書館(library@orchard)は、シンガポールで最も賑わう繁華街のショッピングモールに開かれた図書館である。おしゃれなブックカフェのような外観と内装で、シンガポールやアジアの出版文化を国内外の来館者に紹介するショーウィンドウ的な役割も果たしている。

## 2．図書館サービスによるシンガポール人への「統合」

### 電子図書館での「国の記憶」の展示

　国立図書館や公共図書館を統括する国立図書館庁のウェブサイトには、「シンガポール市民をつなぐ」という組織の目的が示されている。2015年の建国50周年（SG50）時には、図書館は博物館・公文書館とも連携しながら、シンガポール人としてのアイデンティティを国民に再確認するための取り組みをいくつか行っている。代表的なものは、電子図書館での歴史遺産の発信である。以下、主な電子図書館2つを紹介する。

### ① 写真でみるシンガポール（PictureSG）

　写真でみるシンガポール（PictureSG）は、国立図書館庁が開設・運営している電子図書館である。「国の記憶の共有」を目的に、国立図書館庁が所蔵している写真が集められており、専用ウェブサイト（https://eresources.nlb.gov.sg/pictures/）では、イギリス植民地時代から現在までの人物や風景、建築物、イベントなど、シンガポールの今昔をたどることができる。各写真にはタグがついており、キーワード検索を行うこともできる。利用登録は不要で、誰でも見ることができる。

### ② シンガポールの記憶プロジェクト（Singapore Memory Project）

　「シンガポールの記憶プロジェクト」は、シンガポールに関連する記憶や物語をより広く人々に伝えるために2011年より始まった。シンガポールに住む様々な個人や団体などの「記憶」をデジタル保存し、専用ウェブサイト

第Ⅲ部　本から広がる図書館の取り組み

図表7-1
左：「写真でみるシンガポール」ウェブサイト
右・下：「シンガポールの記憶プロジェクト」サイトとロゴ

で公開している。上記「写真でみるシンガポール」は公的な記憶の保管場所であるが、一般市民や、コミュニティなどが撮った私的な記憶としての動画・画像を集めている点が異なっている。

　コレクションは専用のウェブサイト（https://www.singaporememory.sg）で誰でも閲覧可能の他、シンガポール国民は自らの記憶や物語をデジタル媒体にして寄贈することも可能である。個人の記憶や体験などの個々の物語を集め、国民の記憶の1つのピースとして共有することで、シンガポール国民の絆と深い結束を育んでいくことが期待されている。

### シンガポール出版物の展示

　独自の国民文化がないシンガポールは長年、「文化の砂漠」と称されてきた。文化政策が本格的に始まったのは、図書館政策の開始と同じ1990年代初頭である。文化政策の実行は文化芸術関連のインフラの整備から始まり、ドリアンを模したエスプラネード芸術劇場（芸術図書館も併設されている）などが建設された。だが「娯楽施設充実による経済政策としての文化政策」の側面が強く、文化コンテンツなどのソフト面の充実が追いついていない[*13]。発信

第7章　多民族国家シンガポールを支える図書館

写真7-5
シンガポールの作家や作品を紹介する展示
左：中央図書館、右上・右下：国立図書館
（筆者撮影）

できるだけのローカルコンテンツが少ないのが一番の課題である。

　ローカルコンテンツの乏しさについては、出版物についても同様である。他の東南アジアの図書館でもよく見られることだが、書架には自国の出版物よりもアメリカやイギリスなど海外の出版物が並んでいる方が圧倒的に多い。大型書店では自国出版物専用の書架を設けている店もあるが、中でも文学作品についてはシンガポール人作家の書籍は非常に少なく、探すのに苦労するほどである。

　公共図書館では定期的にシンガポール人作家や作品、図書館や出版の歴史などについての展示を行い、国民の関心を高める取り組みを継続的に行っている。写真7-5左は、中央図書館のホールで行われていた、シンガポール人作家と作品を紹介した展示コーナーの様子である。写真右上と右下は、国

―――――――――――――
＊13　田村慶子（2016）『シンガポールの基礎知識』めこん

立図書館のギャラリースペースで開かれた、シンガポール作家の先駆者たちを紹介する大規模展示の様子である。特に後者は、中国語やタミル語など4言語別に代表的な作家について詳しくボードで紹介し、関連の図書などを多く展示するなど、見ごたえのある内容となっている。またシンガポール人作家を招いての講演会やワークショップなども行われている。

## 3. 図書館サービスによる多民族の「共生」

シンガポールの言語政策では、学校での第一言語は英語、第二言語としてそれぞれの民族語のバイリンガル教育を行っている。これまでの調査では、学校では英語、家庭ではそれぞれの民族語を使うことが報告されてきたが、近年では若い世代を中心に家庭でも英語を話す人が増えているなど、英語への言語シフトの影響がみられる[14]。そこで各民族のアイデンティティを保つために、自分のルーツである出身民族の言語や文化に関連づけた図書館サービスがいくつか行われている。代表的なものを紹介したい。

**民族語による読書啓発活動**

シンガポールでは公共図書館が建てられた1960年代当初より、子どもたちへの読書普及活動に取り組んできた。読書普及活動は言語政策と連動する形でも行われており、たとえば各言語でのおはなし会などは定期的に開かれてきた。

近年、積極的に取り組まれている活動が、「民族語で本を読もう」[15]キャンペーンである。未就学児などへの各言語の本の読み聞かせの他、読書ク

---

[14] 矢頭典枝（2014）「シンガポールの言語状況と言語教育について——現地調査から」科学研究費助成事業基盤研究（B）研究プロジェクト『アジア諸語を主たる対象にした言語教育法と通言語的学習達成度評価法の総合的研究——成果報告書』

[15] 国立図書館庁では、「母語」（mother tongue）の語を用いているが、本稿では各民族のルーツとなる言葉という意味を表すために、「民族語」とする。

第7章　多民族国家シンガポールを支える図書館

ラブの運営に力を入れている。読書クラブとはテーマに合わせた本を読みあったり紹介したりする他、感想などを語り合う会である。最初のクラブは1970年代には始まっており、長い歴史を重ねている。4言語別にあり、2018年現在では英語が14クラブ、中国語が11クラブ、マレー語が1クラブ、タミル語が5クラブ開かれている。子どもや成人など対象年齢を限定しているクラブや、シンガポールの作家、人間関係についてなど、本のテーマを定めているクラブもある。場所は公共図書館内で開かれ、月に1回、1時間から1時間半程度開いている。図書館主導で運営されており、近年では4歳から10歳までの児童対象のクラブの数が1年間で2倍に増えるなど、特に子どもへの取り組みを深めている。シンガポールの新聞 The Straits Times によれば、2015年から2018年までの3年間で18,000人から58,000人へと参加者が3倍に増えており、活動規模は急速に広がっている*16。

### チャイナタウン図書館

チャイナタウン図書館（library@chinatown）は、中華街の大型ショッピングモール内にある、中国の文化・芸術をテーマとした専門図書館に近い公共図書館である。中国の書や画、音楽などを中心に、歴史や哲学、健康、伝統工芸なども含めた図書が収集されている。蔵書の65%は、中国語で書かれたものが収集されており、華人コミュニティも選書に関わっている*17。館内には中国

写真7－6　チャイナタウン図書館（筆者撮影）

---

＊16 Ho, Olivia (2018) "More mother tongue programmes, local authors at NLB Read! Fest", The Straits Times, June 2.

135

の書や絵画なども多く飾られており、ホールでは、中国文化関連のイベントが頻繁に行われている。

　もう1つの特徴は、市民ボランティアが運営していることである。「コミュニティによる、コミュニティのための」図書館と称しているように、図書館のサービス業務は研修を受けた華人ボランティアが行っている。分類別に並んでいる書架は担当制になっており、各書架には整理を担当するボランティアの顔写真と紹介文が飾られている。だがその業務は、返却箱からの本の返却作業と書架への配架の整理業務に限られている。国立図書館庁の司書による利用者対応のカウンターはないため、レファレンスなどの図書館員への質問はすべて、インターネット電話「サイブラリアン・キオスク（Cybrarian Kiosk）」を通して行う必要がある。

## タミル語図書の電子図書館

　シンガポールの街中を歩くと、インド系寺院や大きなインド人街を目にするが、インド系の国民はシンガポール国民の中では1割に満たないマイノリティである。

　国内のインド系住民を尊重し、インド系文化の保護と継承のため、国立図書館では2013年より、タミル語図書のデジタル化を開始し、デジタルライブラリーを開いている。電子化の元になった本は、SG50を記念してインド人コミュニティから贈られた図書である。1965年から2015年までに出版された本350点がデジタル化され、電子図書館（BookSG）で全文を読めるようになって

図表7-2　タミル語図書の電子図書館

＊17　National Library Board (2018) "library@chinatown"

いる。

## おわりに——外国人にとっての「安心の居場所」

「居住者」であるシンガポール国民の間での多民族共生は、「シンガポール人」としての1つのアイデンティティを創出する一方、各民族のアイデンティティを相互に認めることで、国家としての調和を生み出してきた。しかし国民統合の対象ではない「非居住者」である外国人との「共生」については課題山積である。政府はこれまで安い賃金で働く外国人労働者を積極的に受け入れてきたが、国民の外国人労働者への反目を背景に、近年になって外国人の流入を抑止する方向へ進んでいる[*18]。

外国人の居場所はどこにあるのだろうか。たとえば日曜日、繁華街オーチャード通りは多くの人であふれ返るが、ひときわ大きい声の主は、英語でも中国語でもない、タガログ語を話すフィリピン人たちである。通り沿いのとある商業ビルは、フィリピンの雑貨や食料品を売る店の他、レストラン、土産物屋、送金屋など、リトル・フィリピンのような様相を呈している。通りに面した商店や広場は、フィリピン人労働者にとって休日の憩いの場であり、同郷の仲間に会える「安心の居場所」になっているのである。

しかし同時間帯、近くにある図書館やコミュニティーセンター（公民館）では、外国人労働者の姿を見かけることはほぼない。シンガポールのIDや銀行カードがなければ利用内容が制限され、母国の言語で読んだり話したりすることのできない公共施設は、外国人には、安心どころか緊張を迫られる敷居の高い場所である。急増する短期・長期滞在の外国人に対して、公共図書館は十分な対応を取っているとは言えないだろう。

高齢化、少子化、女性の社会進出などを背景とした外国人労働者への依存

---

＊18　岡本佐智子（2015）「シンガポールの移民政策——外国人労働力の受入れと管理」『北海道文教大学論集』第16号、175-189頁

はアジア各国でも高まっており、日本でも2018年に外国人労働者をめぐる法制度が大きく変わった。今後外国人にとって、図書館が「安心の居場所」になるためには何が必要なのだろうか。最後にシンガポールの例をもとに、日本の図書館でのあり方について考えてみたい。

「統合」を目的としては、日本の理解に関する資料の充実が必要であり、「共生」としては、外国人の出身国についての資料が必要である。そしてどちらも英語以外に、出身国の言語で書かれたもの、平易な日本語で書かれているものが望ましい。「在住外国人」といっても地域によって出身国や在住機関や目的、言語レベルなどは一律ではないため、きめの細かい対応が必要になってくる。だが近年の財政事情の悪化による資料費削減の影響や、語学が堪能な職員の不在等を理由に、多文化の資料の充実が図られていない図書館は依然として多い。英語など限られた言語の資料しかなく、地域に在住する外国人の出身国の言語と合っていないこともある[*19]。

外国人が増えている今日、地域に住む日本人・外国人の相互理解を促すためにも、多文化サービスが今こそ求められているのではなかろうか。公共図書館は地域の情報拠点、安心の居場所として、地域に住まう人が誰でも垣根を感じることなく利用できる環境づくりを始めていくべきである。


［参考文献］
岩崎育夫（2017）『物語　シンガポールの歴史　エリート開発主義国家の200年』中公新書
田村慶子（2016）『シンガポールの基礎知識』めこん
田村慶子（2016）『シンガポールを知るための65章　第4版』明石書店

---

[*19] 日本図書館協会多文化サービス委員会（2017）『多文化サービス実態調査2015報告書』日本図書館協会

# 第8章

# 移民・難民のくらしに寄り添う公共図書館
デンマークにおける取り組みに着目して

和気 尚美

## はじめに

　デンマークでは1960年代後半から今日まで若干の増減はあるものの、基本的に右肩あがりで移民数が増加している。2018年7月の統計によると、移民とその子孫の数は779,085人で、これはデンマークの総人口の約13.4％にあたる[*1]。

　近年の移民数の増加の背景には、シリア等からの難民の流入が関係している。難民が増加するなか、デンマーク図書館協会（DanmarksBiblioteksforening）は2015年に「難民歓迎（Refugees Welcome）」の姿勢を示す声明を発表している。そこには、デンマークの図書館界は長年にわたり移民・難民に対する図書館サービスに取り組んできたため、新たなゲストが来ても受け入れの準備ができていること、そして、今後も難民が安心して図書館を利用できるよう尽力していくことが宣言されている。この声明に関し、欧州図書館・情報・ドキュメンテーション協会連合（European Bureau of Library, Information and

---

＊1　Danmarks Statistik. "Indvandrere og Efterkommere."

Documentation Associations, EBLIDA）は、欧州全土の図書館がデンマークと同様の対応を取ることを願うと発表している。

では、これまでデンマークの図書館界が長年にわたって提供してきている移民・難民に対する図書館サービスとは、いったい何であろうか。また、デンマークに滞在する移民・難民は、どのような場所として公共図書館を利用しているのだろうか。本章では、デンマークの公共図書館に焦点をあて、そこで移民や難民を対象に提供されている図書館サービスと、移民・難民の図書館利用について論じる。

## 1．統計にみるデンマークに滞在する移民・難民の公共図書館利用

まず、過去に実施された定量的調査の結果からデンマークに滞在する移民や難民がどのように公共図書館を利用しているのか見ていきたい。

2012年に行われた「デンマーク人文化習慣調査（"DanskernesKulturvaner"）」は、移民は全体より高頻度で図書館を利用しており、その傾向は特に移民女性や若年層の移民に顕著であることを明示している。また同調査は、表8－1に示すように、移民は図書や音楽資料の館外利用が少ない一方、館内での図書館資料の閲覧や、講習会への参加、館内設置のPCやコピー機の利用等を成人全体より高い頻度で利用しており、彼らにとって公共図書館は身近な文化施設であると伝えている[*2]。そして、移民に多く見られた図書館利用として、図書館資料の館内での閲覧、映画会や講習会への参加、他者との面会を挙げた。なかには、特段利用目的はなく、居心地が良いので図書館を利用するという移民も存在する。このように、移民の背景を持つ者はeブック等の電子的に提供されている資料の利用より、物理的な場所としての図書館に滞在する傾向があり、館内サービスを多く利用していることがわかる。なお、

---

＊2　Epinion og Pluss Leadership. "Danskernes Kulturvaner 2012," Kulturministeriet. 2012, p.87-90.

2008年頃から市民センターの機能を持つ公共図書館が増加しており、図書館内でパスポートや運転免許証の更新等の行政への各種申請が行えるようになっている。このように、物理的な場所としての利用には、行政への各種申請のための利用も含まれている。

図表8－1　デンマークにおける移民と全体の公共図書館利用の比較（複数回答可、単位：％）

| | 図書館利用 | 成人移民<br>(n=1,300) | 成人全体<br>(n=3,600) |
|---|---|---|---|
| 資料の利用 | 図書・雑誌の借用 | 86 | 89 |
| | CDの借用 | 11 | 23 |
| | オーディオブックの借用 | 5 | 12 |
| | DVDの借用 | 27 | 19 |
| | ゲームソフトの借用 | 9 | 5 |
| 図書館プログラムへの参加 | 音楽イベントへの参加 | 5 | 8 |
| | 講演会・討論会への参加 | 8 | 14 |
| | 映画上映会への参加 | 3 | 2 |
| | 展示の観覧 | 14 | 14 |
| | 団体の活動への参加（読書会等） | 3 | 4 |
| | 講習会への参加 | 7 | 5 |
| 物理的な場としての図書館利用 | 行政サービスの利用 | 18 | 15 |
| | 情報探索 | 19 | 20 |
| | 図書・雑誌・新聞の館内閲覧 | 40 | 22 |
| | 館内設置コンピュータの利用 | 26 | 7 |
| | コピー機・FAX等の機器の利用 | 21 | 9 |
| その他 | 子どもの付き添い | 24 | 29 |
| | 図書館職員への相談 | 15 | 19 |
| | 居心地が良いので滞在する | 22 | 17 |
| | 宿題・課題に取り組むため | 18 | 10 |
| | 他者との面会・待ち合わせ | 6 | 3 |
| | その他 | 12 | 4 |

※　Epinionog Pluss Leadership. "DanskernesKulturvaner 2012, "Kulturministeriet. 2012, p. 89 を元に筆者作成

## 2．移民・難民に図書館サービスを届ける仕組みと多言語資料

**移民・難民に図書館サービスを届ける国と地域の協力体制**

　デンマークの公共図書館における移民・難民を対象とした図書館サービスは、1970年、コペンハーゲンを含むエリアのセントラル・ライブラリー*3であるゲントフテ・セントラル・ライブラリー（Gentofte Centralbibliotek）が館内の一角に移民のための多言語資料コーナーを開設したことから始まっている。その後、1983年には公共図書館法の改正が行われ、新たに1）図書館は移民がデンマーク社会への統合のプロセスにおいて重要な存在であること、2）図書館は移民の出身社会の言語や文化へのアクセスも支援することが明記された。また法改正に伴い、新たに国立施設として移民図書館（Indvandrerbibliotek）が設置された。移民図書館の設立により、移民に対する公共図書館サービスに取り組む地域レベル、国レベルの協力体制は公式に整備された。なお、移民図書館はその後1999年に国立図書館の一部門となり、2006年には、国立図書館は移民図書館を統合図書館センター（BiblioteksCenter for Integration）と改称した。さらに2017年には、国立図書館の王立図書館への統合に伴い、同センターは王立図書館の組織内に置かれた。このように、デンマークは短期間に急速に図書館における移民サービスの整備を進め、法制化し、地域レベルと国レベルの協力体制を布いた国である。

**多言語資料を届ける体制**

　移民が多く居住する地区に立地する公共図書館を訪れると、必ず多言語資

---

＊3　セントラル・ライブラリーはデンマーク全土に6館存在する。セントラル・ライブラリーは文化局の管轄で、4年ごとに更新される文化局とセントラル・ライブラリーとの間の協定に従って業務が行われている。基本的に、各自治体の公共図書館のみでは収集が難しい資料を調達し提供したり、各自治体の図書館から寄せられる相談に対し専門的なサポートをしたり、国の政策に基づきプロジェクトを実施する際、自治体横断的な連携の調整役として機能している。

料コーナーが存在し、ペルシャ語やアラビア語、トルコ語等の資料が配架されている。この多言語資料コーナーは各図書館で購入している資料と、統合図書館センターから送られてくる資料とで構成されている。また、同コーナーには統合図書館センターの多言語資料カタログが配架されており、カタログ中の資料はデンマーク国内のどの図書館からでも取り寄せることができる仕組みになっている（写真8－1）。

　国立組織である統合図書館センターの第一義的な役割は、言語的マイノリティを対象とした公共図書館サービスを支援することにある。公共図書館は各自治体からの予算を用いて多言語資料を収集しているが、収集できる資料には予算、収集方法、組織化の面で限界がある。そこで、統合図書館センターは30以上の言語で図書やCD、DVDを収集し、デンマーク国内の公共図書館や、学校図書館、語学学校等へ無料で貸し出している。収集する資料の言語には毎年優先順位付けがされる。移民の人口構成に鑑みて毎年３段階のレベル別に検討される。３段階のレベルは、資料収集の優先度を意味し、レベル１が最優先資料である。レベル１の資料はその年に購入する資料全体のうち、約70％を、レベル２の資料は約20％を、レベル３の資料は約10％を占めるように調整されている。また、移民統計の推移も参考にされる。統合図書館センターは、移民の背景を持つ者を多言語資料専門の職員として雇用し、彼らを中心として資料の購入や組織化を行っている。加えて、移民の背景を

写真8－1　統合図書館センターの多言語資料書庫（筆者撮影）

持つ多言語資料専門の職員は地域の公共図書館から寄せられる多言語資料に関する相談に応じるアドバイザーとしての役割も担っている。

**多言語電子図書館**

今日、統合図書館センターが収集・提供する多言語資料は、冊子体の図書やCD、DVDのみではない。2011年からは、「ビブズーム・ワールド（Bibzoom World）」という名の多言語電子サービスに着手している。「ビブズーム・ワールド」は、世界初の多言語電子図書館で、音楽、映像、図書の電子資料を10以上の多言語で提供している。デンマーク国内に居住し、社会保障番号を保有していれば誰でも無料で利用できる。また社会保障番号がなくとも、公共図書館で申請をすればアカウントを保有することが可能となる。

その後「ビブズーム・ワールド」は改称され、現在は「世界図書館（Verdensbiblioteket）」（https://www.verdensbiblioteket.dk/）と称されている。「世界図書館」は、2016年から2018年の間、北欧閣僚理事会から助成を受け、デンマークのみでなくスウェーデンやノルウェーと共に3カ国共同事業として構築・運営されている。デンマーク、スウェーデン、ノルウェーの各国は、外国の出版社から電子資料を購入する際、3カ国分まとめて交渉することになっている。そのため、3カ国共同事業は、1カ国での運営と比較して、事業期間中に掲載可能な電子資料の点数を大幅に増加できるという利点を持っている（写真8-2）。

「世界図書館」の開設により、利用者が統合図書館センターの所蔵資料の一部に地域の公共図書館を介すことなく、利用者自身が直接アクセスできるようになったことは意義深い。統合図書館センターは「図書館の図書館」であり施設を一般に公開し

図表8-2 「世界図書館」のトップページ

ていないため、これまで利用者は最寄りの公共図書館を介して統合図書館センターの資料を手にしていた。「世界図書館」の誕生により、利用者はいつでも、どこでも多言語資料に直接アクセスできるようになった。

## 3．移民・難民の多様な課題解決を支える公共図書館のプログラム

　図書館プログラムとは、公共図書館が施設や資料を活用しながら提供するセミナーや講習会、イベント等を意味する。デンマークの公共図書館では、多様な図書館プログラムが実施されており、なかには移民・難民を主要な対象にしたプログラムも存在する。ここでは、移民・難民を主な対象として展開されている「ブックスタート」、「IT 支援」、「トーククラブ」の図書館プログラムについて、具体的事例を提示しながら見ていく。

### ブックスタート

　デンマークでは 2008 年から「ブックスタート」が始動しており、対象家庭へのブックスタートパックの無料配布、各種ワークショップの実施、人形劇やお話し会の開催を通して、子どもの読書推進と豊かな言語能力の発達を支援している。デンマークにおける「ブックスタート」は、1）主に移民家庭や貧困層の家庭に焦点を当てていること、2）対象家庭へ家庭訪問を通じてアプローチすること、3）対象家庭には 6 カ月、1 歳、1 歳半、3 歳の計 4 回、ブックスタートパックが配布されることに特徴がある。ブックスタートパックの中には専門家によって選ばれた対象年齢に適した絵本と、保護者に子どもの読書の重要性を知らせる CD や小冊子が入っている。絵本や CD はデンマーク語のものであるが、対象家庭が移民の背景を持つ場合には、統合図書館センターが 9 言語で作成・提供している小冊子「子どもと読書 ("Læs med dit barn")」が同封される。「子どもと読書」は、読み聞かせの利点と各国語の読み聞かせに適した絵本が掲載されている。母語の運用能力が、デンマーク語の習得にも影響するため、母語で親から子への読み聞かせを行うこ

第Ⅲ部　本から広がる図書館の取り組み

図表8-3　アラビア語版「子どもと読書」の絵本案内

とにより、確かな言語運用能力を養うことを目指している。なお、「子どもと読書」はウェブページ (https://www.statsbiblioteket.dk/sbci/Laan/les-med-dit-barn) からも入手できる（写真8-3）。

オーゼンセ（Odense）のヴォルスモーセ図書館（VollsmoseBibliotek）は2009年から継続的に「ブックスタート」に取り組んでいる。ヴォルスモーセはデンマーク有数の移民の集住地区で、9,139人、3,536世帯が居住しており、その67.4%は移民とその子孫で構成されている[*4]。「ブックスタート」の活動の中で移民家庭を訪問する際、訪問家庭の警戒心を軽減させる工夫が必要となり、同館は、アラブ圏から移住したムスリム女性をブックスタート担当員として雇用した。ブックスタート担当員の存在により、ヴォルスモーセ地区に暮らすデンマーク語に不慣れなアラビア語話者や、ムスリム女性は、公共図書館サービスをより気軽に、より身近に受け入れることができる。

IT支援

2011年、デンマーク政府は『電子政府戦略2011-2015 ("eGOVERNMENT strategy 2011-2015")』の中で、2015年までに市民の行政手続の80%を電子化する方針を打ち出した。同時に、行政手続きのための窓口や郵便による各種

---

[*4] Vollsmose Sekretariat for Byudbikling. "Boligsocial helhedsplan Vollsmose 2016-2020," 2016.

申請は段階的に廃止されることになった。公共サービスの電子化を段階的に推し進めるにあたり、懸念されたのはデジタルデバイドの問題で、特に高齢者と移民の背景を持つ市民には特別な対応が必要であるとされている。

　2007 年、「図書館・メディア局（Styrelsen for Bibliotek og Medier、現在の城・文化局）」は「IT 電気通信局（IT-og Telestyrelsen、現在のビジネス局）」と協定を結び、デジタルメディアの利用を支援する図書館プログラムを強化することを決定した。これを受け、地域の各公共図書館は、電子的な公共サービスの利用方法を始め、メールの送受信、インターネット検索、インターネット・ショッピング、文書作成等に関する IT 講習を積極的に開講するようになった。

　なかには、移民を主な対象に据えた IT 講習も存在する。コペンハーゲンのフーソム図書館（Husum Bibliotek）は、言語別にトルコ語やシリア方言のアラビア語でも IT 講習を開講している。移民の背景を持つ者の中には、IT 講習の受講を希望していても、言語の障壁があり、デンマーク語で開講される IT 講習に参加できない者も存在する。そこで、フーソム図書館は近隣住民の中に話者の多い、アラビア語とトルコ語を選択し、デンマーク語で講習内容を理解することが難しい移民を対象に IT 講習を実施している。

　一方、講習形式ではなく、「IT カフェ」と呼ばれる形態で運営されている IT 支援も存在する。「IT カフェ」とは、決められた日時に図書館の一角で、IT に関するあらゆる相談を受け付けるサービスである。相談に応じるのは図書館の職員やボランティアのスタッフで、利用者は予約なしに自由に相談をすることが可能である。

　「IT カフェ」には様々な種類があり、コペンハーゲンのソルヴァング図書館（Solvang Bibliotek）が取り組むプログラム「ハイマナ：若者のための IT カフェ（Haymana: En IT-cafe for unge 以下、ハイマナ）」もその 1 つである。「ハイマナ」は 2014 年 9 月から開始され、毎週月曜日 16 時から 19 時までの 3 時間、ソルヴァング図書館の一角で開かれている。相談を受けるのは、ソルヴァング図書館の周辺に暮らす 21 歳から 25 歳までの若者 4 名である。4 名中 3 名は移民 2 世で、自身はデンマークで生まれ育ったが、親はデンマーク

への移住経験を持つ。

　「ハイマナ」では、特に進学や就職に関する情報収集の仕方、各種申請書や履歴書の作成方法を重点的に取り扱っている。ソルヴァング図書館の周辺地域では、移民の背景を持つ者が多数生活しており、特に若年層の高い失業率が問題になっている。「ハイマナ」は周辺地域に暮らす若者のキャリア形成を支援する目的で考案された。「ハイマナ」の特徴の1つとして、相談員自身が求職中の身であることが挙げられる。週に1回ではあるものの図書館で働く経験を通して、相談員は事業の運営方法や時間の管理の仕方を学んでいる。このように、「ハイマナ」は若者による若者のIT支援であり、同時に移民の背景を持つ若者のキャリア支援にもなっている。

**トーククラブ**

　デンマークでは、プログラムとして語学学習の機会を提供する公共図書館が多数存在する。特に会話に焦点を当てたものに、「言語カフェ」や「言語サロン」、そして「トーククラブ」がある。

　コペンハーゲンのナアアブロー図書館（Nørrebro Bibliotek）では、2010年から「トーククラブ」を展開している。ナアアブローは移民の集住地区として知られた地域で、移民の背景を持つ者がデンマーク語を学ぶための場としてデンマーク語の「トーククラブ」が開設された。移民、なかでも失業中の人や、エスニック・コミュニティの中で生活が完結している人にとって、エスニック・コミュニティ外の人とデンマーク語で会話を交わす機会は少ない。ナアアブロー図書館に勤務し、自身もイラクからの移民の背景を持つ職員が、移民や難民にデンマーク語での会話練習の場が必要であると発案し、「トーククラブ」として具現化された（写真8－2）。

　その後、アラビア語を学びたいという市民からの要望と、アラビア語を教えたいというアラブ圏出身の移民からの希望が重なり、アラビア語の「トーククラブ」が展開されるようになった。移民は「トーククラブ」に学習者としてのみでなく、指導者としても関わることができる。つまり、移民に

第 8 章　移民・難民のくらしに寄り添う公共図書館

とって「トーククラブ」はホスト社会の言語を学ぶ場であり、また出身社会の言語をホスト社会の人々に伝える場にもなっている。ナアアブロー図書館の「トーククラブ」はさらに増加し、2018 年現在では 9 言語で展開されている。

　いずれの「トーククラブ」も無料で、参加希望者の事前の申し込みは必要ない。参加希望者は当日、直接活動場所に顔を出せば参加できる。また参加基準はないため、語学力やデンマークでの滞在年数等とは無関係に参加の意思がある者は誰でも活動に加わることができる。また継続的な参加を強制されることもない。事前に活動時間が設定されてはいるものの、活動時間内のタイムスケジュールは固定されておらず、ファシリテーターの判断と当日の参加者との相談に基づき活動を展開している。

写真 8-2
ナアアブロー図書館の「トーククラブ」（筆者撮影）

　「トーククラブ」は参加者が思い思いに対象言語を使用して会話することを重視しており、そこに正しさを問うことはほとんどない。つまり「トーククラブ」は、語学学校のような定型的な学びとは異なる、自由度が高い非定型的な学びの場となっている。実際に、「トーククラブ」が自由な形態であるからこそ断続的に参加できる移民が存在する。乳幼児の育児に専念している人や、不規則なシフトで働く人がその例である。自由度が高く非定型的な学びの場である「トーククラブ」は、参加者によって多様な参加の仕方や距離の取り方を可能にしている。

## おわりに

　ここまで本章では、デンマークの公共図書館が移民・難民を対象に、どのようなサービスを提供し、そしてそれらのサービスを移民・難民がどのように利用しているのか、事例を提示しながら論じてきた。

　デンマークの公共図書館が移民や難民に提供している図書館サービスは、乳幼児から高齢者までの多様な年代の者が、それぞれの置かれている状況や課題に応じて参加することを可能にしている。またその他にも、紙幅の都合により本章では取り上げられなかったプログラムが多数ある。そして図書館プログラムを展開する基盤には、統合図書館センターを中心とした協力体制により提供される多言語資料が整備されており、近年ではいつでも、どこでも、誰でも多言語資料にアクセスできるよう多言語電子図書館が構築されている。換言すれば、公共図書館サービスが移民や難民の移住先におけるライフサイクルのあらゆる局面に寄り添えるようデザインされていると言える。幅広い図書館プログラムと多言語資料の提供により、デンマークの公共図書館は移民・難民の人生における課題解決を支援している。

　公共図書館に特徴的であるのは、移民や難民の多様な距離の取り方や関わり方を受容している点にある。第1節で触れたように、図書館資料の館内での閲覧や、映画会や講習会への参加等、目的を持って利用する移民や難民がいる一方、特段利用目的はなく、居心地が良いので何となしに滞在するというような者も存在する。また、第3節の「トーククラブ」の事例が示すように、図書館プログラムは自由度が高い非定型的な学びの場となっており、プログラムでの学びに強制力はなく、継続的に参加するか否かは学習者の判断に委ねられている。

　基本的にデンマークの公共図書館サービスは無料であり、さらには、資料の館内閲覧や、図書館プログラムへの参加、コピー機やPCの利用等においては、図書館カードを兼ねた社会保障番号が記された黄色の健康保険証の提示さえ求められない。つまり移民や難民は、利用料の支払いや、自身が何者

であるかという背景の開示をすることなく、好きな時に好きなだけ公共図書館に滞在することができる。このような無料の原則と、利用者に過度に背景の開示を要求しない態度が、移民や難民に、各々の生活の文脈に応じて、自身の解釈により多様な距離の取り方で公共図書館という場所に関わることを可能にしている。館内の一角で呆然と過ごすことも、継続的にプログラムに参加することも、資料の返却に立ち寄ることも全て図書館利用であり、その距離の取り方や関わり方は利用者の意思に委ねられている。

　デンマークにおける取り組みは、デンマーク特有の事情や体制を基盤に成り立っているが、そこから得られる示唆もある。図書館内におけるサービス提供に留まらず、移民・難民にとって馴染みの場所に図書館サービスを届ける工夫はその1つである。「ブックスタート」のように、アウトリーチ型で移民・難民に接近していくことにより、図書館は彼らにとってより身近なものになっていく。図書館を居場所として愛着を持つようになっていくそのプロセスは、必ずしも図書館内のみにおいて形成されるものではない。特に、出身社会においてこれまであまり公共図書館と接点がなかった移民・難民にとって、公共図書館を訪れる心理的障壁は大きい。しかし館外サービスにより図書館が利用者に接近することで、未利用者は新たに利用を始める可能性がある。アウトリーチ型の館外サービスは、移民・難民が漸次的に公共図書館を生活の中に置くきっかけとなり得る。

　加えて、自身も移民・難民の背景を持つ者を公共図書館のスタッフとして配置していることも参考になる点といえる。移民・難民の背景を持つスタッフの存在により、利用者は図書館サービスにアクセスする際の物理的・心理的な障壁を軽減させる可能性がある。当事者の視点を公共図書館サービスの中に取り入れることにより、公共図書館は移民・難民にとってより身近で親しみやすい共感性を生む空間になっていくだろう。

［参考文献］

小池直人（2012）「社会関係資本の北欧的特質と地域図書館」『現代の図書館』Vol. 50、No. 1

堤恵（2006）「北欧の移民・難民への図書館サービス——スウェーデンとデンマークの事例から」『カレントアウェアネス』No. 287

弥吉光長（1975）『デンマークの図書館』東海大学出版会

吉田右子（2007）「北欧におけるマイノリティ住民への図書館サービス——デンマークとスウェーデンを中心に」『図書館界』Vol. 59、No. 3

吉田右子（2010）『デンマークのにぎやかな公共図書館——平等・共有・セルフヘルプを実現する場所』新評論

吉田右子（2014）「対話とエンパワーメントを醸成する 21 世紀の北欧公共図書館」『現代の図書館』Vol. 52、No. 2

和気尚美（2012）「デンマークにおける移民の公共図書館に対する意識と利用行動——ムスリム移民を対象としたインタビューを通して」『移民研究年報』No. 18

和気尚美（2015）「デンマークの移民に対する公共図書館サービス——アクターの機能と関係に着目して」『日本図書館情報学会誌』Vol. 61、No. 3

# 第Ⅳ部

## 見て聞いて触って学ぶ博物館の役割

# 第9章

# 学校と博物館の連携の可能性
先住民族について学ぶ「国立アイヌ民族博物館」設立を受けて

若園 雄志郎

## はじめに

　2008年6月6日にアイヌ民族を「独自の言語、宗教や文化の独自性を有する先住民族」と認めることを求める決議が衆参両院でそれぞれ満場一致で採択され、これを受けて「アイヌ政策のあり方に関する有識者懇談会」設置（2008年）、アイヌ民族に関する政策を取りまとめる「アイヌ総合政策室」設置（2009年）および「アイヌ政策推進会議」開催（2010年〜）がなされた。これは「ウタリ対策のあり方に関する有識者懇談会」（1995年設置）による報告を受けた1997年のアイヌ文化振興法（アイヌ文化の振興並びにアイヌの伝統等に関する知識の普及及び啓発に関する法律）の施行とそれに伴う北海道旧土人保護法の廃止以降の大きな動きである。

　このころより、アイヌ民族を取り巻く状況は大きく動き出したということができるだろう。一般的に最もわかりやすい動きはアイヌ民族に関する国立の博物館（国立アイヌ民族博物館）の設立である。これは2009年の「アイヌ政策のあり方に関する有識者懇談会」報告書における「民族共生の象徴となる空間の整備」[*1]に関連したもので、2018年に一旦閉館した北海道白老町

のアイヌ民族博物館と統合される形での開館を目指している。

　通常、博物館は法的には公民館や図書館などと並び、社会教育施設として考えることができる*2。社会教育法第9条には「図書館及び博物館は、社会教育のための機関とする」とあり、また、博物館に関する事項を定めた博物館法の目的としては、第1条に「社会教育法の精神に基き、博物館の設置及び運営に関して必要な事項を定め、その健全な発達を図り、もつて国民の教育、学術及び文化の発展に寄与すること」とされている。

　文化の多様性を認識し、学習するにあたっては博物館が持つ機能が注目できる。博物館の機能としては、資料の収集・保管、そして資料に関する研究成果を生かした教育普及活動などといった独自の活動内容があり、物質的な資料を媒介としたイメージの喚起による学習活動を行うことが可能である。つまり、文化に関する多様性について理解を深め認識するための拠点として博物館の存在は大きいということができる。

　また、その一方で、近年の社会教育施設は学校との協働や地域との連携がキーワードとなってきている。学校における社会教育主事有資格者の地域連携担当教員としての配置や地方国立大学における地域系学部の創設・改組にみられるように、改めて地域のもつ力が注目されているということができるのである。

　そこで、ここではこのような状況の中で、特に民族に関する活動を行っている博物館はどのような協働や連携が可能となっていくのかについて考察していきたい。なお、アイヌ民族に関する課題は決して北海道という地方における特殊な問題ではなく、国として考えていかなければならない問題である。本章における「地域との連携」「学校との連携」はあくまで手段の1つであることに留意してほしい。

---

\*1　アイヌ政策のあり方に関する有識者懇談会（2009）『「アイヌ政策のあり方に関する有識者懇談会」報告書』34頁

\*2　ただし、国立博物館はかならずしも博物館法における「登録博物館」ではない。

## 1. 博物館活動と民族についての基礎的認識

　民族文化を扱った博物館活動において、地域の歴史や課題の中での位置付けが十分になされているかは疑問が残る。なぜならば、民俗学的・人類学的アプローチの比重が比較的大きいと考えられるためである。そのため、資料の分析や保存法などについては研究の蓄積があるといえるが、それらをどのように教育に活用していくのかについては十分な研究・実践がなされていないといえる。博物館の意義と役割は地域の歴史や課題によって変化するが、情報・資料を収集、保存、管理するだけではなく、その事実の調査研究とそれを用いた教育活動を通じて、地域における多様性を理解し認めあうといった役割も期待される。

　それでは先住民族の文化や権利に関する課題に対して、社会教育の場ではどのように取り組むことができるだろうか。特にその活動内容がある民族集団を扱っている場合は、アイヌ施策をめぐる議論や先住民族の権利宣言を含む国際的な先住民族をめぐる議論を念頭に置いた上で、彼らのもつ権利について配慮し、活動内容に反映させていくことが不可欠である。そのため、民族文化に関する調査研究や展示などの活動を行っている博物館においても、先住民族に関する展示や教育普及活動について多くの議論が行われている。

　ここで注意しなくてはならないのは、博物館は資料を中心とした教育活動を行っている社会教育施設であるが、その教育活動は決して万人にとって中立的なものではないということである。つまり、展示を中心とした教育プログラムにはその制作者の意図が反映されていることを意識する必要がある。同時に、その制作者は一般的に文化人類学や考古学といった分野の専門家が多く、教育学を中心として制作されることはあまりないといえる。そのため、博物館の教育活動にはそのような分野の議論が反映されてきたということができる。アイヌ民族は歴史的に1つの国家を形成したことがなく、国家による歴史の記述（通史）が存在しないため、日本史あるいはアジア・北方史の中でその資料の整理や研究がすすんできたのである。

歴史的に見れば、博物館は先住民族をマジョリティと同じ国家に属するものとして認識させつつも、しばしばステレオタイプ化された先住民族の過去の文化の一部を示すことでイメージの固定化を図り、現代との連続性を絶ってきたといえる。政治学者であるアンダーソン（Anderson, Benedict）は、植民地国家がその支配領域を把握し住民を分類する権力の制度として人口調査・地図・博物館を挙げている[*3]。これは、言い換えれば「その支配下にある人間たちがだれであるのかという性格付け、その領域の地理、その系譜の正統性」[*4] を示しているといえるが、19世紀の植民地主義、すなわち自らが支配していない他の国家・地域に対しての征服を推し進めた活動は、遺跡を博物館化（museumized）することにより文化遺産としての価値を高め、その征服と支配を正当化していったのだという。ここでの「博物館化」とは国民的アイデンティティを構築する上でのシンボルとしての意味づけを遺跡に対して行うことである。

アンダーソンは遺跡に対する意味づけを行ったが、このことは博物館そのものについても当てはまるだろう。博物館は現代では教育機関、あるいは研究機関として捉えられているが、19世紀の民族文化を扱った博物館が目指していたのは「近代西洋を頂点におく諸人種・諸民族の『進化』を、かれらの作り出した器物の展示を通じて『実証』することにあった」[*5] のであった。そのような背景から、「博物館は先住民文化を天然資源と同様に、衰退と滅亡に晒された貴重な資源、あるいはタイプ標本として扱い、『失われてしまう』という脅迫観念からコレクションを蓄積し、展示してきた」[*6] ということができる。民族自身の意志を反映させられないまま、マジョリティによりその

---

[*3] ベネディクト・アンダーソン著、白石さや、白石隆訳（1997）『想像の共同体』NTT出版、274-310頁
[*4] 同上、274-275頁
[*5] 竹沢尚一郎（2003）「民族学博物館の現在　民族学博物館は21世紀に存在しうるか」『国立民族学博物館研究報告』28（2）、国立民族学博物館、178頁
[*6] 関雄二（1996）「異文化理解としての博物館　文化を語る装置」藤巻正己、住原則也、関雄二編『異文化を「知る」ための方法』古今書院、230頁

第9章　学校と博物館の連携の可能性

文化だけが恣意的に切り取られて展示されてきた、または国家として異なった文化や民族を1つのものとして認識させていく、あるいはマジョリティへ同化させていく手段として博物館が用いられてきたといえるのである。

　しかし、近年それまで展示されるだけだった民族側から異議申し立てが行われるようになってきた。これは、先住民族の要求にこたえる形でその権利に関する条約や宣言が相継いで出されるようになり、意志決定の主体が先住民族自身であると認識されるようになってきたことと呼応している。そして実際には多くの博物館が前世紀のそれのように明確に植民地主義的であるとはいえなくとも、主流社会、あるいは調査の過程で先住民族への聞き取りなどを行ったとはいえ、研究者の視点のみで構成されてきた博物館における展示を中心とした教育普及活動は、結果的にその延長線上に存在してしまっていたといえるだろう。そのため、民族文化を扱った博物館においてもこのような一面的な活動を見直す動きが活発化してきている。

　この動きの中で、博物館はその活動内容を多角的に捉えるために先住民族との関わりを模索している。つまり、その文化についての権利をもつのは先住民族自身であることを改めて認識するとともに、その権利保障の一歩として先住民族が自らの文化について語ることが重要であると考えられてきているのである。しかし、マジョリティへ同化させられてきた先住民族が自らの文化を十分に語れるとは限らず、その過程においては自らの文化を改めて獲得し構築していく学習活動が行われている。先住民族自身が文化を語るための学習は、新たに学習者本人やその周囲において民族としてのアイデンティティ獲得が行われる、さらに獲得されたアイデンティティを維持する過程ともなっているのである。

　実はこのことは博物館、特に「国立アイヌ民族博物館」をはじめ、アイヌ民族に関する教育活動を行っている館におけるボランティアの受け入れに影響を及ぼしてもいるといえる。2005年に開館した九州国立博物館においては、多数のボランティアの受け入れを行ったこと[*7]で注目を集めたが、それをそのまま「国立アイヌ民族博物館」においても援用するのは慎重になる必

要がある。それは「先住民族」や「アイヌ」についての解説等において誤解を招くような表現や、センシティブな内容についての取扱いを学ぶような適切なボランティアの育成プログラムが構成されなければ、アイヌ民族に対する誤った、あるいは偏った認識を広め、偏見や差別を助長してしまう可能性があるためである。

## 2. 地域住民以外の博物館利用

さて、博物館が文化表象を誰に対して行うのかといったときに、その利用が必ずしも地域住民のみにとどまるとは限らない。それは来館者・来訪者が目的地の歴史や文化を短時間で概観できることで、博物館が観光としての対象としても選定されやすいためである。文化表象を行う先住民族にとってはアイデンティティの維持、あるいは構築のための環境醸成にはこのような状況も影響があると考えられる。いうまでもなく、博物館は社会教育施設としての機能や研究機関としての機能を持っている。しかしこれだけには留まらず、まちづくり・地域おこしの一環としての機能も併せ持っている。同時に、アイヌ民族が「北海道」を象徴する観光「資源」として見なされてきたことも挙げられる。もちろんこのことはアイヌ民族のみにかかわらず、各国の先住民族における状況と類似したものであるといえよう。

観光とは余暇利用として、または学校や組織の活動の一環として自らが居住・生活している地域を離れ他地域の文化や景観に触れる機会である。基本的にはレクリエーションの一環であるといえるが、新たな気持ち・視点・興味・関心をつくるものでもある。これに加え、橋本和也は「今日的な問題を明確にする」ために「異郷において、よく知られているものを、ほんの少し、一時的な楽しみとして、売買すること」[*8]と定義した。すなわち観光とはそ

---

＊7　永田香織（2006）「九州国立博物館にみるボランティア活動の現状」『月刊社会教育』50 (11)、国土社などを参照。

の地域の構成要素の一部分を見るものであり、同時に経済活動を抜きには語ることができないのである。ここで、訪れる側が期待していることは自分たちとは異なるものやその地域との交流である。受け入れる側としてもそれを意識することとなるが、博物館として民族の文化を見せる時にはそれが単なる「見世物」になってしまうことが問題となってくる。

　博物館展示が誰に対してなされているものかという点については、①地域住民のための博物館、②地域を他者に普及する博物館——あるいは観光客のための博物館、の2つを挙げることができる[*9]。前者は一般的な都道府県立や市町村立の博物館であり、後者について観光地として機能しており、観光客が見学していくことを前提とした設計がなされている博物館であると考えられる。

　前者については伊藤寿朗による「地域博物館論」などに代表されるような市民参画を運営の軸とする博物館が想定されている。その場合、博物館における展示だけではなく、ワークショップや友の会などといった活動もある。博物館の活動の範囲は大きいといえるが、後者では時間に制約の大きい一過性の来館者を対象として考えるため、基本的には展示のみがほぼその博物館の活動をあらわすことになる。

　観光を捉える立場は様々であり、個人的な余暇活動や行動に焦点をあてたもの、経済的効果や社会現象として捉えるもの、また文化現象として捉えるものがある。特に文化現象としての視点からは主に文化人類学の分野においての研究がなされているが、この中では「見世物」になることで文化が破壊・形骸化するという視点で捉えるのではなく、文化の発展と創造、さらには訪

---

＊8　橋本和也（1999）『観光人類学の戦略——文化の売り方・売られ方』世界思想社、55頁

＊9　出利葉浩司（2005）「アルバータ州にある二つの博物館の先住民族展示について　博物館民族学の立場から」北海道開拓記念館『18世紀以降の北海道とサハリン州・黒竜江省・アルバータ州における諸民族と文化——北方文化共同研究事業研究報告』北海道開拓記念館、204-205頁

れた他者との関わりの中でアイデンティティを構築していくという視点で捉えられることが指摘されている。

もう1点、博物館が文化伝承の拠点ともなっていることも注目すべきであろう。平成20（2008）年度より白老・アイヌ民族博物館において行われている「伝承者育成事業」では、アイヌ民族の若者たちに3年間の研修を行っている。ここではアイヌ語や歴史だけではなく、自然素材の知識・活用、工芸や料理等に至るまで、あらゆる角度からの知識・経験を積むプログラムとなっている。このことは博物館が単に文化や歴史に関する資料を収集し一方通行的に展示する場所ではなく、アイヌ民族と和人[*10]が協働していくような場所としての模索が行われていると考えることができるだろう。

## 3．博物館と学校との連携

博物館は学校との連携においても注目することができる。栃木県の例について述べれば、栃木県総合教育センターと宇都宮大学地域連携教育研究センター（生涯学習教育研究センター）により、「博物館と学校の連携に関する調査研究」[*11]と「学校と近隣社会教育施設の連携に関する調査研究」[*12]が行われている。2010年の調査では、連携活動としては「学校（児童生徒）が博物館に出かける活動」と「学校に博物館職員を招聘して行う活動」に大きく

---

＊10 本州以南に居住してきた民族を便宜的にこのように呼称する。このほか「大和民族」や「日本民族」などといった用語が使用されることもあり、また、アイヌ語の「シサム」（sisam、隣人）が訛って「シャモ」と呼ぶこともある。「シャモ」はアイヌによる蔑称といわれることがあるが、小川正人は「本来ならばアイヌ民族に対応する言葉は当然にも「〇〇民族」という呼称がふさわしいにもかかわらず、未だに自らの民族呼称を定めきれないでいる現状は、＜日本人＞の主体的な姿勢が依然として脆弱であることの反映であり、かかる現状にある限りは、アイヌが用いた呼称を借用すべきと考える」（1997）『近代アイヌ教育制度史研究』北海道大学図書刊行会、5頁としている。

＊11 栃木県総合教育センター、宇都宮大学生涯学習教育研究センター（2010）『「博物館と学校の連携に関する調査研究」報告書』宇都宮大学生涯学習教育研究センター

分けることができるという。「学校が博物館に出かける活動」の内容としては、「教科（社会科・理科）での利用」「総合的な学習での利用」「職場体験」が多く行われており、「学校に博物館職員を招聘して行う活動」としては「出前授業」が最も多い[*13]。これらの効果としては、「体験・実物資料によって、興味関心が喚起され、学習意欲が向上した」と答えた学校は68校中54校と最も多く、次いで「教材開発の参考となり、教科等の目的達成に効果があった」という回答が15校からあった[*14]。

しかしながら、この調査で明らかとなった課題としては、1）博物館職員と学校教員との意思疎通、2）博物館の用意する連携プログラムと学校のニーズとのマッチング、3）非互恵的な関係、4）出前授業の偏重、であった[*15]。1）～3）については、いずれも博物館と学校とが「連携」しているのではなく、学校が「利用」しているのだということができるだろう。つまり、3）に挙げられているように、博物館側としては「どのような形でも学校に利用してもらえればよい」、あるいは学校側としては「博物館側が提供するプログラムを利用すればよい」という考えにとどまってしまっており、相互の教育目的に向かって協働していくことを検討する必要があるといえる。

2014年の調査は博物館に限らず、公民館や図書館などの社会教育施設も含めた調査となっている。ここで報告されている具体的な事例内容は115件あるが、うち37件が博物館（資料館・美術館含む）との連携事例であった[*16]。ここでも2010年の調査と同様に、出前授業や教科に関連した利用、および

---

* 12 栃木県総合教育センター、宇都宮大学地域連携教育研究センター（2014）『「学校と近隣社会教育施設の連携に関する調査研究」報告書』宇都宮大学地域連携教育研究センター
* 13 前掲、栃木県総合教育センター、宇都宮大学生涯学習教育研究センター（2010）、18-19頁
* 14 同上、20頁
* 15 同上、62頁
* 16 前掲、栃木県総合教育センター、宇都宮大学地域連携教育研究センター（2014）、40-48頁

職場体験としての利用が多く見られる。

　事例内容にみられる課題としては、日程・人員・教材・認識のずれの４つに分類することができるだろう。日程についての課題とは、博物館における企画展や特別展などのイベントと、学校における行事との関係で、受け入れができる期間やタイミングが限られてしまう、ということが大きい。人員としては、数十人単位で来館する児童生徒に対して、体験講座や展示解説を行うとしても、全員にきめ細かく対応するだけの職員がいないということである。また、校種や学年における進度は別の学校同士でもほぼ一致しているため、教科に関する特定のテーマについての出前授業や体験学習の申込みのタイミングが重なりやすい反面、対応できる職員には限りがあるため、ボランティアの受け入れや育成が課題とする館もあった。教材としては、一度に多人数の対応を行う必要があるため、使用する模型や資料・材料といった事前準備（例えば郷土学習として製鉄の体験を行った事例では、事前準備として炉の製作や砂鉄の採取等で３カ月を要したことが報告されている）に相当の労力と時間がかかってしまうというものである。

　そして認識のずれとは、博物館側がやりたい内容と、学校側が考えている内容にずれが生じているというものである。これは、博物館側としては専門的知識を生かし、この機会をとらえて特定のテーマについて知識を深めることを重視するのに対して、学校側としては、博物館という場で学ぶことが目的化されてしまい、ともすればとりあえずテーマに沿って時間内でやれるところまでやってくれればよい、と考えてしまっていることもあるようである。また、事前のコミュニケーション不足・打ち合わせ不足により、当日になってテーマの追加を行う、あるいは日程のみが決定したものの、単に見学するだけなのか、解説やワークショップが必要なのかが不明で、博物館側が何をすればよいのかわからないまま当日を迎えるというような事例も報告されている。

　単なる「利用」から「連携」「協働」へと発展させていくとき、学校側の各教科担当者のみで対応していくことは負担の集中化につながってしまい、

連携を十分なものとすることができなくなってしまう可能性がある。2014年の事例にみられる課題（日程・人員・教材・認識のずれ）も、それぞれが関連し合っているといえるだろう。つまり、最大の問題はコミュニケーション不足・調整不足であるということができる。もちろん、これらは業務で多忙な中、なかなか調整する時間が確保できず、また、どのように調整していったらよいかがわからない、という事情が背景にあると考えられる。

そこで、博物館側と学校側の担当者や関心のある教職員をつなげ、組織化していくことで、連携を効果的にしていくことができるといえる。一例として、「美術鑑賞教育ネットワークとちぎ（あーとネット・とちぎ）」は、栃木県内の美術館関係者や、大学生・大学院生を含む小中高大その他の学校教育関係者、美術鑑賞（教育）に関心を持つ人びとによって組織されており、美術鑑賞教育の視点から広く美術教育に関わる子どもから大人までの活動をサポートすることが目的とされている[*17]。このネットワークを通じて、美術関連のイベントや美術鑑賞教育に関する実践例、連携・協力例等の情報交換・収集ができるようになっているが、このような情報交換が行える場が現場では最も必要とされているといえるのである。これに加え、博物館の学芸員や教育普及担当者と、学校側の地域連携担当教員や社会教育主事・学芸員の有資格者を活用することができれば、さらに連携が豊かなものとなっていくことが期待できる。このように、民族に関する教育は必ずしも人権教育の中のみではなく、学校の各教科を結びつけ、連携を考えていくことで、より実践的になるといえるのである。

## おわりに

歴史教科書におけるアイヌ民族関連の内容の増加や2013年から取り組まれている「イランカラㇷ゚テキャンペーン」により、アイヌ民族についての関

---

＊17 「美術鑑賞教育ネットワークとちぎ（あーとネット・とちぎ）」規約

心は一定程度増えてきていると考えることができる。しかし、アイヌ民族に関する知識はまだまだ限定的であるといえ、その知識を得るような場の整備が望まれているということができるだろう。

　ここまでみてきたように、博物館と学校の連携の効果は大きいといえることは一定程度理解されているということができ、特に民族に関する活動を行っている博物館は、学校の教育課程と連携していくことで人権や多文化共生といった理解を深めていくことに効果的である。

　アイヌの文化や歴史を扱っている博物館としては、その文化・歴史に対して十分な知識を得ることで、マジョリティである「和人」がアイヌ民族に関する現状認識を深めてほしい、という目的もあるといえる。しかし、そこには第1節で述べたように、一部センシティブな内容も含まれている。このことを避けて通るのではなく、博物館が「安心」できる場所となるためには、学校教育と社会教育の双方の場においてしっかり扱っていくことが大切である。教員や指導者としては確かに気軽に思いつきで取り組めることではないが、これをサポートするようなシステムや団体等を活用することで、負担を減らしながら教育課程等に取り入れていくことが可能である。

　今後の課題としては、これらのことを博物館単体での取り組みではなく、現実的な制約や負担を考慮した上で実施し、サポートしていくための枠組みやネットワークをいかに構築していくかということであり、そのためにも国立アイヌ民族博物館における連携への取り組みが重視されていくことになるといえるのである。


［参考文献］
伊藤寿朗（1993）『市民のなかの博物館』吉川弘文館
榎森進（2007）『アイヌ民族の歴史』草風館
日本社会教育学会編（2011）『学校・家庭・地域の連携と社会教育』日本の社会教育第55集、東洋館出版社

第9章 学校と博物館の連携の可能性

加藤博文、若園雄志郎編著（2018）『いま学ぶアイヌ民族の歴史』山川出版社

図表9－1　北海道内のアイヌ民族関連資料がある博物館

※　この他、北海道外では、国立歴史民俗博物館（千葉県）、アイヌ文化交流センター（東京都）、東京国立博物館（東京都）、野外民族博物館リトルワールド（愛知県）、松浦武四郎記念館（三重県）、大阪人権博物館（リバティおおさか）（大阪府）、国立民族学博物館（大阪府）、天理大学附属天理参考館（奈良県）が挙げられる。

# 第10章

## 文化の由来を知る
「順益台湾原住民博物館」が担う社会的包摂機能

郭 潔蓉

## はじめに

　台湾の人口は約2,357万人*¹（2017年12月末現在）、その約96%を漢民族と呼ばれる民族が占めている。この数字だけを見ると台湾社会は単一的な民族構成であると勘違いしがちであるが、実際のところ複雑な多民族構成を擁している。その民族構成の内訳をみると河洛人（福佬人）*²が約72.4%、客家人*³が約12%、外省人*⁴約12%、そして原住民*⁵（先住民族）が約2.3%、そ

---

＊1　中華民国内政部戸政司人口統計資料「表一：各縣市人口數按性別及五歳年齢組分」（2017年12月末統計）による
＊2　台湾や中華人民共和国福建省に分布する閩南民系漢民族
＊3　客家語を共有する漢民族の一支流。古代より移動と定住を繰り返してきたことから「中国のユダヤ人」と称されることもある。中国大陸の他、台湾、東南アジア諸国に暮らす者も多く、華僑・華人の約3分の1は客家人であると言われている。
＊4　戦前より台湾に移住し、何代にも亘って台湾に定住してきた住民を「本省人」と呼ぶのに対し、戦後国民党が国共内戦に敗れ、大陸より台湾に逃れてきた住民とその末裔を「外省人」と称されている。民族的にも台湾の7割を占める河洛人とは異なる漢民族の支流が複数混在している。

第Ⅳ部　見て聞いて触って学ぶ博物館の役割

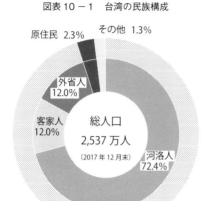

図表10－1　台湾の民族構成

※　中華民国内政部戸政司人口統計資料（2017年12月）を元に筆者作成

の他1.3%*6という分布になっている（図表10－1参照）*7。

　台湾の総人口からみると、原住民が占める2.3%というのはほんの小さな割合に過ぎない。しかし、彼らの勢力が小さくなったのは、長い年月をかけて台湾に入植してきた漢民族をはじめとする他民族の増勢が大きな要因であり、如何なる入植民族が台湾社会を支配したとしても、台湾原住民の民族的地位は常に台湾社会の最も低いところに置かれてきたからである。本来ならば、原住民族たちの方が台湾島の先住者であるにもかかわらず、彼らにとって台湾での生活は長きに亘る入植者たちとの闘いであり、他民族による支配に苦悩する歴史であったと言っても過言ではない。そして、現在に至っても、台湾原住民の民族としての経済的、社会的地位は決して向上しているとは言えない状況にある。

　こうした状況に対して台湾の人々が疑問を持ち、やっと異論を唱えられるようになったのは、台湾の民主化が始まった20世紀末期からである。本章で取り上げる「順益台湾原住民博物館」も民主化の波と共に生まれ、台湾文化の多様性への理解が進んだ証の1つであると言えるだろう。また、同博物

---

＊5　「原住民」という呼称は、台湾先住民族を称するのに台湾政府が使用している正式な呼称である。日本語では差別的なイメージがあるため「先住民族」という呼称が使われることが多いが、中国語では「昔住んでいて、今はいない」という意味合いがあるため、現在も存続する民族であることから「原住民」と称している。

＊6　その他には「無戸籍国民」「大陸国籍」「香港・澳門国籍」「その他の外国籍」が含まれる。

＊7　中華民国内政部戸政司人口統計資料（2017年12月末統計）による

第 10 章　文化の由来を知る

写真 10 - 1　順益台湾原住民博物館正面入口
（2016 年 1 月：筆者撮影）

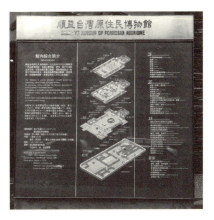

写真 10 - 2　順益台湾原住民博物館館内
（2016 年 1 月：筆者撮影）

写真 10 - 3　順益台湾原住民博物館原住民部族の分布（2016 年 1 月：筆者撮影）

館は原住民文化を伝えることによって、その価値向上にも大きな役割を果たしている。本章では、台湾原住民の社会的、民族的特性の理解を深めると共に「順益台湾原住民博物館」が果たす役割について掘り下げていきたい。

## 1. 台湾「原住民」の苦難の道のり

　「順益台湾原住民博物館」の役割の重要性を理解するためには、先ず何よりも台湾原住民が辿ってきた厳しい茨道を知る必要がある。

　原住民たちがいつから台湾の地にその住処を構えるようになったかは、現在のところまだ解明されていないが、彼らが話す言語から分析をすると「オーストロネシア語族（南島語族）」[*8] に属することから、言語学や人類学の研究などでは紀元前4000年あたりから台湾に定住していたとする説が有力である。しかしながら、元々文字を持たない台湾原住民の古き時代の生活を文献資料などで検証を行うことは実際のところ難しい。

　原住民たちが安住地の台湾において、その生活を脅かされるようになったのは、明代から始まった漢民族による台湾開墾の活発化にある。当時明朝は台湾を「化外の地」とし、1623年に国民の台湾航行を禁止し、自国地図からその存在を消去したが、実際のところ、オランダとスペインが入植した後も多くの漢民族が福建省と台湾間の対岸貿易を行っており、往来も活発であったことが記録に残っている。こうした背景から漢民族の台湾開墾は増加の一途を辿り、台湾原住民の居住地にも特に平地においては漢民族と原住民との衝突が絶えなかったとされている。

　1664年以降になると鄭成功が台湾を占領するようになり、初めて台湾の全島統治が実現するようになった。鄭一族と軍の入植に伴って、この時代か

---

[*8] オーストロネシア語族（南島語族）とは、東はイースター島、西はアフリカの東海岸マダガスカル島、南はニュージーランド、北は台湾に分布をするとみられている。この範囲には東南アジア地域のフィリピンやインドネシア、マレーシア諸国も含まれる。同言語族は総数にして約2億人余りと予測されている。

ら漢民族の移住により台湾内の人口が急増したため、鄭氏政権は「行政区画制」や「屯田制」を実施したことにより、少なからず「市民社会」というものが台湾にも形成されるようになった。台湾全土に漢民族が生活をするようになり、平地に住んでいた「平埔族」と呼ばれる原住民部族の中には徐々に「漢化」し、独自の生活文化を失っていく部族も現れるようになった。一方で、原住民たちの集落は「蕃社」と称され、漢民族たちとは一線を画す存在として扱われていた。漢民族たちの開墾の増勢と共に両者の衝突は数を増し、次第に移動を余儀なくされる原住民部族が増え、彼らの安住の地は徐々に奪われていくこととなった。特に山間部に居住する「高山族」と呼ばれる部族は、狩猟を生業とする首狩り族が主であったため、漢民族の統治に馴染まない部族が多く、衝突が絶えなかったとのことである。

　鄭氏政権後は清朝が台湾の新たな統治者となったが、原住民に対しては政策面でも消極的であり、とりわけ漢民族の生活圏との分離を図った隔離施策が目立った。1752年に設けられた「蕃界（ファンチェ）」はその代表的な1つである。「土牛溝（トゥニョウコウ）」或いは「土牛紅線（トゥニョウホンシェン）」と呼ばれる小川程度の溝を台湾各地に張り巡らせ、原住民と漢民族の活動範囲を隔離し、原住民の生活圏を「蕃界」と称して漢民族の入界を禁止した。こうした隔離政策は、原住民たちの生活居住区を守るという目的もあったが、最も重視されていたのは漢民族との衝突防止であった。それでもなお、漢民族たちは開墾の手を休めず、鄭政権も漢民族の「蕃界」への侵入を完全に防ぐことは出来なかったのである。

　1895年に「下関条約」により清朝が台湾を日本に割譲したことにより、台湾の支配者はそれ以降日本政府が担うこととなった。日本政府は台湾に総督府を置き、社会インフラの整備に着手した。その代表的な施策が警察制度の導入である。1902年になると、総督府は山地分駐所警察に山地教育を兼任し、教育を管理する制度を導入した。つまり、警察局が教育所を管理し、現地の警察官が教師を担当するといった制度である。こうした施策に反発をする原住民部族が警察の派出所を襲撃する事件が相次ぎ、1920年までに発生した原住民による総督府への抵抗事件は、大小合わせて150件に上った。

中でも 1930 年に起きた「霧社事件(むしゃ)」は、日本統治時代最大の抗日暴動事件として知られている。同時期に総督府は「生蕃(せいばん)」から「高砂族(たかさご)」へと原住民の呼称を変更している。

1939 年頃になると戦局は激化し、総督府は台湾において「皇民運動」を開始するようになった。この運動に伴って、原住民も日本名に改名することが奨励され、数多くの日本名を持つ原住民が誕生した。追って 1942 年には第一期台湾「志願兵」が招集され、数多くの原住民青年が戦争に駆り出され、「高砂族義勇兵」として戦争の犠牲となった。

終戦を迎え、台湾の新たな統治者は国共内戦で敗れた中華民国政府へと変わった。新しい政府は、1947 年に原住民の名称を「高砂族」から「山地同胞」に改称し、漢民族と平等の待遇を享受させるとし、その事例の 1 つとして日本名から漢民族式の姓への「回復」を求めた。しかし、実際には日本名を使っていたかどうかにかかわらず、漢民族式の姓に改めなければならず、元の姓名を使用してはならないとされた[*9]。新たな政府が行った「回復」は、中華民国を「祖国」として捉える素性を持たない原住民たちにとっては、新たな言語と習慣、社会秩序を携えた支配者がやってきたという認識のほかなかったのである。

1949 年末に国民党中央政府が台湾に移転した後、国民党政府は台湾の山地が中国共産党の根拠地建設を狙う地域になる危険性があるとみて「山地平地化」政策に取り組むことになる。つまり、山地も平地と同じように国民党政府の一元的統治の配下に組み込むという行政政策である。この政策は各家に対して衣服 10 点、飲食 15 点、居住 20 点、経済 40 点、教育 15 点の計 100 点で採点し、村単位でも公衆トイレやゴミ収集、飲料水の確保といったインフラの改善に 20 点を配し、先の各家の点数を 80 点として加えて「甲乙丙丁」でランク付けをし、60 点未満は不合格とされた。「甲」の村落には台

---

[*9] 森田健嗣（2015）「台湾先住民族社会の戦後過程」、『アジア・アフリカ地域研究』第 15-1 号、2 頁

湾省政府から金一封が与えられ、高得点を取った家も「模範戸」とされ、金属で出来た札が門に掲げられた。また、検査が終わった各家には特優・優良・優・不良・劣の5段階評価で紙を貼られた[*10]。貧しい境遇に置かれてきた原住民たちにとって、この政策は魅力的であり、従わない理由はなかった。

こうして、原住民は次々と押し寄せてくる新しい支配者の政策の犠牲となり、安住の地を追われ、移動を余儀なくされるうちに民族としての誇りを置き去りにし、固有文化の「安心の居場所」を失っていったのである。

## 2．原住民の固有文化と民族的アイデンティティの喪失

では、台湾原住民の固有文化は元来どのようなものだったのだろうか。

実際に原住民に関する研究が本格的になされるようになったのは、日本の台湾統治が始まった1895年以降であるため、それ以前に関しては、台湾の南部の安平(アンピン)を占領(1624年)したオランダと北部の淡水と基隆(キールン)を占領(1626年)したスペインが残した断片的な文献や原住民の口承による伝話に頼るところが大きいことを事前に理解しておく必要がある。

前述の通り、鄭氏時代までは入植者たちとの抗争が絶えなかった時代が続いたが、原住民たちの伝統的な暮らしと固有文化が構造的に大きく揺るがされることはなかった。その地位が脅かされるようになったのは清朝支配の時代に入ってからである。とりわけ清朝後期に入ると漢民族の台湾における開墾地域が格段に拡大した。その動きに伴い、清朝は原住民たちの漢化にも着手し、比較的清朝支配を肯定的に捉えた「平埔族(へいほ)」を「熟蕃(じゅくばん)」と称し、また清朝支配に従った「高山族」を「帰化生蕃」と称してそれぞれの蕃社の数を増やしていった。康熙帝(こうきてい)時代(1715年現在)の熟蕃社は合計46社、帰化生蕃社が15社であったところ、乾隆帝の時代(1755年現在)には熟蕃社が93社、帰化生蕃社200社以上に達していたという[*11]。1758年に入ると、清朝は当

---

＊10　森田（2015）9頁による

時少しずつ漢化が進んでいた「平埔族」に漢民族の姓に従う令を出し、以来「平埔族」に属する多くの原住民部族は漢民族と同様に各戸に姓を有するようになり、一層「平埔族」の漢化は進んでいった。

　日本統治時代に入ると原住民に関する研究がなされるようになり、その実態が徐々に解明されるようになっていった。1900年になると伊能嘉矩、栗野伝之丞の両名が台湾原住民たちの言語や風俗習慣の差異を観察し、8種族に分類した上で、更に平埔族を11の小グループに分けたことから、台湾原住民のエスニシティに関する分類研究がなされるようになった。日本時代においても、原住民たちは一般的に「蕃人」と称され、社会的差別を受けていたが、教育に関してだけは日本政府の「同化政策」の方針により、日本人も漢民族も原住民も同じ教室で一緒に肩を並べて学ぶことが出来た。また、民族に関係なく優秀な学生は高等教育を受けられたことから、高等学校に留まらず医学学校といった高等教育機関に進学する原住民もいた。また、日本時代では日本語教育が義務化されたため、言語が異なることから原住民の部族同士の交流は元々少なかったが、日本語が公用語となったことによって、部族間のコミュニケーションが発達した点においても、これまでの統治では得られなかったものが少なからず原住民にも得られるようになった。その一方で、各家庭内で話す言語に対しては制限がなかったため、辛うじて原住民の固有文化の1つである「言語」はある程度保たれた。しかし、依然として、その社会的地位は台湾社会の底辺に置かれていた。

　そして、最後の外来政権である国民党政府の台湾支配後、原住民の伝統社会と文化は徐々に変容し、伝統の家屋が壊され、先祖から代々伝わってきた文化遺産なども次々と処分され、彼らの固有文化は失われていった。まず、言語においては北京語の「国語教育」が展開され、国民学校の授業では「方言」と称される台湾語や民族語の使用が禁止された。つまり、文化と同じく、原住民たちが民族ごとに使用していた母語も徐々に衰退の道をたどったので

---

＊11　陳正祥、孫得雄（1958）「台湾先住民族の分布とその変遷」『東北地理』11巻1号2頁

ある。こうした政策により、1950年代以降に生まれた原住民の多くは民族の母語を上手く話せないという現象が生まれ、民族的な固有文化と言語の維持と継承が著しく困難になった。

こうして歴史を振り返ってみると、原住民たちは入植者たちによって常に支配と被支配の関係を強いられ、長い間社会的に低いポジションに置かれ、民族の伝統的な固有文化と言語を奪われてきたのである。歴代の入植者たちの最も大きな罪業は、原住民たちから伝統的な固有文化を奪ったのと同時に、民族としての誇りとアイデンティティも奪ってしまったことであると言えるのではないだろうか。

## 3．「順益台湾原住民博物館」の誕生と原住民文化再建への想い

再び原住民たちが固有文化と言語の重要性に気づくにようになったのは、台湾に民主化の波が押し寄せ始めた1980年代に入ってからである。当時台湾大学で学んでいた原住民の学生らが『高山青』[*12]と称する書物を出版し、原住民の知識層の若者たちに多大な影響を与えたのがきっかけとなり、原住民文化の再建活動が各地で行われるようになった。その後、原住民たちの土地や姓名の返却を求める運動が盛んとなり、1994年に憲法により中華民国政府が台湾を統治して以来使われていた「山地同胞」を「原住民」に改めることになった。原住民たちは長い道のりを経て、初めてその民族的な地位を獲得したのである。翌年、立法院において「姓名條例第一條」の修正が認められ、晴れて原住民たちは自身の出身部族の文化に従って伝統的な姓名を戸籍に登録することが出来るようになった。つまり、彼ら自身の本当の名前を取り戻すことが出来たのである。こうした動きの中、「順益台湾原住民博物館」は台湾原住民の民族文化の理解の入り口として1994年6月に開館された。

「順益台湾原住民博物館」はその名の通り、台湾有数のコングロマリット

---

＊12「高山青」とは、台湾原住民の阿里山にまつわる民謡のことを指す

の1つである順益グループとの関係が深い。とはいっても、当該博物館は企業収益のために存在している訳ではない。台湾社会が権威主義体制からまさに民主化へと脱皮をしようとしていた1985年に「順益台湾原住民博物館」構想は生まれた。当時順益グループの代表であった林清富氏は、台湾固有の文化に大きな関心を寄せ、主に原住民の民族文化に関する作品の収集を行っていたが、いつしかコレクションを公開し、1）文字では伝承されてこなかった歴史を呼び起こし、2）異なる民族が理解し合い、尊重し合い、3）お互いが関心を寄せ合うことで調和のとれた思いやりのある社会を創造することに役立てたいとの3つの想いから博物館建設の構想に至ったという[*13]。しかし、当初のコレクションでは博物館を開設するには量的に不足であったため、順益グループの創始者である林酒翁(リンチョウウォン)氏の名前を借りて「財団法人林酒翁文教基金会」を設立して資金を集め、創設準備を行った。財団設立から「順益台湾原住民博物館」開館まで実に9年の年月を費やしており、特に一度放棄された原住民文化に由来する文物を収集するのには、多くの費用と時間を要した。

当該博物館の収蔵品は、林清富氏の20年余りのコレクションに加え、フィールドワークや研究を行い、海外に流通していた文化資産を買い戻したり、関連した文化財を所有している人からの寄贈を受けたりして、継続的に収集したものを基盤としている。収蔵品は目下1000点を超え、原住民に関する研究を支える大きな財産となっているが、現在も各方面との連携を強化し、収蔵品の収蔵を進めている。

「順益台湾原住民博物館」が担っている一番の役割は、台湾原住民の民族文化に対する理解を促すことにある。台湾の人口の大多数を占める漢民族に対しては、台湾文化の多様性を認識させると共に、異なる文化への理解と受容を高める役割を、そして、原住民たちに対しては、固有文化の再認識とその価値の再評価を促す役割を担うことを目的としている。こうした取り組み

---

＊13 2016年1月3日、現地インタビュー調査による

は、1つ1つが小さな一歩であるが、積み重ねることによって徐々に台湾原住民の民族文化の価値を高め、延いては、台湾原住民の自己肯定感と民族意識を高めることにつながるのではないだろうか。それゆえ、関係者たちの「順益原住民博物館」のこれからの活動に期待する想いは強い。

## 4．展示する「博物館」から原住民文化の「安心の居場所」へ

「順益台湾原住民博物館」の原来の目的は原住民の民族文化に関する文物を異なる民族の来館者にも分かりやすいように展示し、台湾原住民の各部族に関する理解を深めてもらうことを目標としている。その方向性は現在も変わってはいないが、その一方で高等教育機関との連携、民族学研究の支援、幼稚園や小学校などの学校利用、学校教職員研修といった教育研究面での活動を強化し、情報を展示して見せる博物館から発信して理解を促す博物館へと成長を遂げている。この試みは、台湾内における原住民の固有文化をより多くの国民に広く伝えることによって、その存在を認めてもらうことと、文化価値としての安定を図ることにつながっている。つまり、「順益台湾原住民博物館」という施設を通して原住民文化は安住の地を得たことになる。

近年では国内に止まらず、海外の学校利用も積極的に受け入れている。同博物館では英語の他、日本語にも対応しており、日本からも多くの学校が学習ツアーで参加している。また、諸外国の大学や研究機関との連携を行っており、これまで米国のカリフォルニア大学バークレー校、英国のオックスフォード大学、オランダのレイデン大学、そして日本の東京大学の台湾研究に対する研究助成を行った実績を有している。このように台湾内外における教育関連の活動は、台湾原住民の存在をより広く世界に発信し、その伝統的文化の価値を広く知らしめる効果をもたらしている。こうした効果によって内外の人々の間で認知が広がり、台湾原住民たち自身の自己認識の向上にもつながっているのである。

今でこそ原住民にルーツを持つ多くの人材が台湾社会のみならず海外で活

躍をするようになったが、民主化以前までは社会的マイノリティとして台湾社会から冷遇され続けてきた。その意識を変えるためには、台湾社会そのものの意識改革も重要であるが、何よりも当事者である台湾原住民たちの意識改革が必要である。こうした背景からも「順益台湾原住民博物館」における様々な情報発信は、台湾原住民の社会的地位向上にも大きな貢献を果たしていると考えられる。

　最近、原住民にルーツを持つ若手の芸術家たちの作品の展示と彼らのルーツの紹介を行っているコーナーが新設され、にわかな人気を呼んでいる。若手芸術家たちはそれぞれの出身民族の伝統文化を作品のエッセンスとして効果的に取り入れており、各々の作品からは民族的なルーツへの高い意識と誇りを感じ取ることが出来た。こうした若い世代の芸術家たちの創作活動を後押しできる場があることは、原住民の伝統文化を継承していくという点においても非常に重要である。

　勿論「順益台湾原住民博物館」における活動は、捉え方によっては一大企業のCSR活動の一環に過ぎないかもしれないが、しかし、そう断定するのは少々乱暴な見方ではないだろうか。同博物館は、原住民たちにとって直接的な「安心の居場所」を提供している訳ではないが、これまで原住民の伝統文化を台湾内外に広めてきたという功績は、少なからず原住民の地位向上につながり、その固有文化に対して肯定的な認識を広めたという点において大きな役割を果たしてきたといえるだろう。殊に浅学や無識による原住民とその固有文化に対する否定的な見方や差別意識を低減させる機能を持ち合わせていることにおいて、同博物館は原住民の伝統文化の「安心の居場所」として捉えることが出来る。このような「安心の居場所」があることによって原住民の伝統文化は継承され、その価値を継続して伝えることが可能になるのである。

## おわりに

　2017年現在、台湾政府から認定を受けている原住民の部族は16族であり、人口にすると約56万人[*14]である（次頁、図表10－2参照）。しかし、未だに固有の部族として承認をされていない「平埔族」はまだ多数存在する。彼らの多くは、前述の通り、歴代の支配者の同化政策によって固有の信仰や風習、しきたりなどの伝統的文化の継承が難しくなっているという課題を抱えている。それでもなお、自分たちのアイデンティティや民族的ルーツを掘り起こそうとする原住民部族も少なくない。

　いずれにしても、どの部族にとっても、今後は如何にして民族の固有文化を再興し、そして維持し、継承していくかが新たな重要課題となるだろう。そうした社会的マイノリティたちの今後の取り組みを支えていくのが「順益台湾原住民博物館」の大きな使命でもある。台湾原住民たちの今後の活動においても「順益台湾原住民博物館」がこれまで以上に大きな役割を果たすことを期待して、本章の終わりとしたい。

---

＊14　中華民国内政部戸政司人口統計資料「表四：各縣市現在原住民人口數按性別分」（2017年12月末統計）による

図表 10 − 2　台湾原住民族の分類

| | 民族名 | | 人口（人） |
|---|---|---|---|
| 台湾政府より認定済みの原住民部族 | 阿美族 | アミ族 | 210,328 |
| | 泰雅族 | タイヤル族 | 90,537 |
| | 排灣族 | パイワン族 | 101,135 |
| | 布農族 | ブノン族 | 58,664 |
| | 魯凱族 | ルカイ族 | 13,359 |
| | 卑南族 | プユマ族 | 14,249 |
| | 鄒族 | ツォ族 | 6,649 |
| | 賽夏族 | サイシャット族 | 6,639 |
| | 雅美（達悟）族 | ヤミ（タオ）族 | 4,616 |
| | 邵族 | サオ族 | 791 |
| | 噶瑪蘭族 | クバラン（カヴァラン）族 | 1,475 |
| | 太魯閣族 | タロコ族 | 31,651 |
| | 撒奇萊雅族 | サキザヤ族 | 944 |
| | 賽德克族 | セデック族 | 10,099 |
| | 拉阿魯哇族 | ラアロア（サアロア）族 | 401 |
| | 卡那卡那富族 | カナカナブ族 | 339 |
| | 認定済み原住民人口（合計） | | 551,876 |
| 未認定の平埔族 | 巴賽族 | バサイ族 | 11,773 |
| | 凱達格蘭族 | ケタガラン族 | |
| | 龜崙族 | クロン族 | |
| | 道卡斯族 | タオカス族 | |
| | 巴布薩族 | バブザ族 | |
| | 拍瀑拉族 | パポラ族 | |
| | 巴宰族 | パゼッヘ族 | |
| | 洪雅族 | ホアニア族 | |
| | 西拉雅族<br>・大武壠族（大滿族）<br>・馬卡道族 | シラヤ族（ダウロン、または、タイボアン族・マカタオ族を含む） | |
| 原住民　総合計 | | | 563,649 |

資料）認定済み原住民部族の分類及び数値：「台閩縣市原住民人口」原住民族委員會（2018 年 8 月）、未認定の平埔族の分類：『順益台湾原住民博物館手冊』（2010 年 12 月）を元に筆者作成

# 第11章

# ニュージーランドにおける太平洋諸島移民の文化的学習
## 博物館を中心に

玉井 昇

## はじめに

　多民族化が進むニュージーランド（NZ）は、英語圏の中で最も政治的に安定し高度な社会保障制度が確保された国家の1つとして、移民が増加し続けてきた。その結果、同国では、これまで様々な分野で多文化的対応がなされている。教育制度の中でも、自身の文化とそのルーツを理解しかつ尊重することが重要な理念の1つとされており、各コミュニティへの帰属意識と連帯を重視した教育活動なども展開されている。そのような取り組みを含めたNZの教育実践は、世界的にも一定の評価を得てきている。

　そうしたNZ社会の中で、「太平洋諸島民（Pacific Peoples, or Pacific Islanders）」の増加傾向が顕著になっている。彼らは、他のエスニック集団よりも若い世代が多く、今後も着実に増加していくことが予測されている。また、NZ出生のいわゆる2世や3世も年々増加しており、固有の文化との乖離も進んでいる。一方で、一般的に彼らの高等教育機関への進学率は他のエスニック集団よりも低く、比例して就労率や平均所得も低い。加えて、自殺や犯罪の発生頻度も高く、同国の抱える社会的課題の1つとなっている。そうした問題

を改善していくために、教育現場でもさらなる対応が必要であり、太平洋諸島移民たちの「安心の居場所」を確保していくことは、NZ社会における重要な課題となっている。

そこで、本章では在NZ太平洋諸島移民の伝統文化に関する教育を主題とし、とくに博物館を中心とした社会教育的活動に焦点をあてることとする。

## 1. 多文化社会ニュージーランドにおける太平洋諸島移民の経緯

### ① 概要

ニュージーランドは政治的に安定し、日々変化する国際関係において最も平和と安全が確保された国家の1つとみなされている。教育はもちろんのこと、高度な医療や福祉制度の観点からも、北欧諸国と並び世界的に注目されてきた国家の1つである。例えば、国際的なシンクタンクである経済平和研究所（Institute for Economics and Peace）が毎年発表する「世界平和度指数（Global Peace Index）」の2018年版でも、163カ国中2位にランキングされている（同1位はアイスランド、シンガポールは8位、日本9位、フィンランド15位、イタリア38位、韓国49位、中国112位、アメリカ121位）。同調査の過去10年間の推移をみても、NZは常に4位以内にランクインしており、同国の平和と安定に満ちた肯定的なイメージも、海外からの移住者を惹きつける1つの要因であろう。その結果、NZは欧州系を中心に、先住民のマオリ、アジア系、

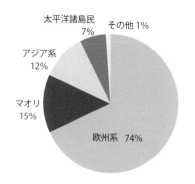

図表11－1　ニュージーランドの人種構成

出所）Stats NZ 2013掲載のデータをもとに著者作成。なお、NZの統計上、複数回答が認められているため、合計が100％を超える数値になる。

太平洋諸島民、中東、ラテンアメリカ、アフリカ系、その他で構成される多民族社会となっている（図表 11 - 1 参照）。

　こうして移民の増加に伴い多民族化が進むNZにおいて、当然ながら教育上も種々の多文化的対応が望まれることになる。その一例として、幼児教育の教育指針を策定した「テ・ファリキ」では、自身の文化とそのルーツを理解しかつ尊重することが重要な理念の1つとされている。さらに、テ・ファリキは各コミュニティへの帰属意識と連帯を重視した教育活動を設定している。そのような取り組みを含めたNZの教育実践は、世界的に認知され、一定の評価を得ている。例えば、イギリスのエコノミスト・インテリジェンス・ユニットが作成した2017年の報告書「世界各国の未来に向けた教育（Worldwide Educating for the future Index）」の中で、同国の教育制度は1位になっている（ちなみに、カナダが2位、フィンランド3位、シンガポール5位、日本7位、アメリカと韓国が同点で12位、イタリア18位、中国31位）。

　そうしたNZ社会の中で、太平洋諸島移民の増加傾向が顕著になっている。ここでいう「太平洋諸島民」とは、旧NZ統治領であったサモア出身者をはじめ、形式的には現在もNZと政治的に連携するクック諸島とニウエ[*1]、属領のトケラウからの移民のほか、トンガ、ツバル、フィジーなど近隣の南太平洋諸島に文化的背景を持つ人々のグループである。ちなみに、文化的にはマオリも同様に南太平洋のポリネシアにそのルーツを共有しているが、同国の先住民である点でワイタンギ条約の下その固有の言語や文化的権利が保障されている。その意味で、マオリは上記のようなニューカマーとしての「太平洋諸島民」集団とは異なる存在であり、本章で対象とする「太平洋諸島民」

---

*1　ちなみに、我が国は2011年3月にクック諸島を、2015年5月にニウエを国家承認している。しかし、両者を正式に国家として承認している国家は極めて限定的であり、少なくとも形式的には世界中の大多数が依然としてニュージーランドとの自由連合（free association）という非独立の政治単位として扱っている。実際に、クック諸島民もニウエ人も依然としてニュージーランドの市民権を保持している。また、当然ながら両者は国際連合にも加盟していないことを付記しておく。

には含めない。実際に、NZ政府の人口統計上も両者は区別して扱われている。

② 太平洋諸島移民の状況

「太平洋諸島民」は、現在のニュージーランド社会の中で、欧州系、マオリ系、アジア系についで4番目に大きなエスニック集団となっており（図表11-1参照）、2026年までに全人口の10％に達することが予想されている。というのも、NZ社会の中で、彼らは平均年齢が最も低い集団であり、2013年の政府統計によれば、25歳未満が同グループ全体の54.9％を占めている。そのため、他の先進国と同様、概して高齢化の進むNZ社会において注目すべきエスニック集団となっている（図表11-2参照）。主な教育対象年齢となる20歳未満に限ってみても、同集団全体の46.1％に達し、NZの同世代人口全体の27.4％に相当する。さらに、主に義務教育の対象年齢となる15歳未満でもグループ全体の35.7％に達し、やはり国家全体の中でこの年齢層のマジョリティになってくる。

一方、太平洋諸島移民たちは狭い住居に多数の家族で生活する「過密居住

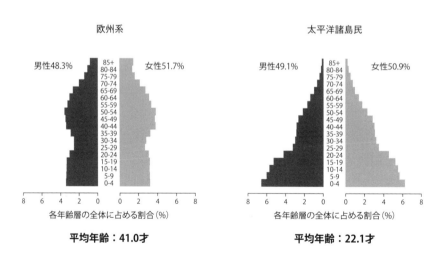

図表11-2　NZ人種別人口ピラミッド
出所）Stats NZ 2013 掲載のデータをもとに著者作成。

(crowded home)」率の割合が、他のエスニック集団に比べ極めて高い。最新の政府統計上、最もこの数値が高いのはトンガ系移民であり、48.5％に達する。同集団内で最も低いフィジー系でも26％であり、この数値も他のすべてのエスニック集団を上回る数値となっている。概して、この過密居住率の高い環境の中で生活している子どもたちは、健康状態や教育的成果が相対的に低くなることが指摘されている。一般的に、彼らの高等教育機関への進学率は他のエスニック集団よりも低く、比例して就労率も低くなり、相対的に低所得者層の占める割合が高いといわれている。NZの太平洋諸島民省（Ministry of Pacific Peoples）によれば、2017年の在NZ太平洋諸島民の平均所得は40,300NZドルであり、その他の人々の平均所得である53,500NZドルを大きく下回っている。比例して、犯罪や自殺などネガティブな問題の発生頻度が他の集団よりも高く、古くから同国の直面する社会的課題の1つとなっている。

　さらに、今日彼らの約3分の2がNZ出生者になっており、各々の固有の言語や伝統文化から疎遠になりつつある。とくに、NZ市民権を有するニウエ系、クック諸島系、トケラウ系移民は、それぞれ78.9％、77.4％、73.9％がNZ生まれであり、将来的にさらに増えていく見通しである。そもそも、同3諸島は、現在各本島の人口数よりもNZ居住者数の方が圧倒的に多くなっており、衰退していく固有の言語や伝統文化保持への対応が大きな課題になってきている。

### ③ 太平洋諸島移民の文化と教育、「安心の居場所」

　一方、元来は先住民マオリと類似した部族社会や伝統文化を有する「太平洋諸島民」であるが、その固有の言語や文化に関する学習機会は、マオリと比べ極めて乏しいものになる。というのも、マオリは1840年に締結されたワイタンギ条約の下で固有の文化的権利が保障されており、現在マオリ語は公用語化されている。伝統文化に関しても、幼児教育の段階から学校教育の中で多様な教育実践がなされている。同様に、博物館のような社会教育の観

点から、あるいは一種の観光資源としても、マオリ文化の教育的機会がより優先的に確保されている。さらには、伝統的集会所「マラエ」が各地に存在し、マオリによる彼らの伝統文化的教育の継承に極めて重要な役割を果たしているのである。

　他方で、マオリに比べればまだまだ限定的ではあるが、太平洋諸島移民に関しても、一定の取り組みがなされ始めている。本章では、その代表的事例として以下国立博物館テ・パパと公立のオークランド博物館の取り組みを中心に、現地視察と聞き取り調査を基礎として、社会教育施設における太平洋諸島移民の学習状況を整理する。

## 2．国立博物館テ・パパ・トンガレワの取り組み

### ① 概要

　ニュージーランドの首都ウェリントンにある国立博物館テ・パパ・トンガレワ（Te Papa Tongarewa, 以下テ・パパ）は、1865年に開設されたコロニアル博物館を前身とする。その後、国立美術館と統合され1998年に現在のテ・パパとして開館した。2015年にはその来館者数が2500万人に達し、世界の各主要地域から遠く離れた総人口420万人ほどの小規模国家の博物館としては注目すべき存在である。実際に、TripAdvisorの「2017年世界の博物館・美術館ベスト25（Travelers' Choice Top 25 Museums of the World 2017）」において、19位にランクインしている。このランキングでは欧州と北中南米地域が上位

写真11-1　テ・パパ・トンガレワのメインゲート
（2018年3月1日：筆者撮影）

を占めており、その他の地域からは、テ・パパが唯一トップ20にランクインした。言い換えれば、同サイトでは、アジア・アフリカ・オセアニア地域を訪問した旅行者によって、テ・パパが第1位に選ばれたミュージアムということになる[*2]。日本では、一部の関係者や研究者らを除き、一般的な知名度は低いが、

写真11-2　校外学習で来館していた児童たち（2018年3月1日：筆者撮影）

世界的にはアジア・オセアニア地域を代表する博物館の1つと位置づけられよう。

　ちなみに、館名のテ・パパ・トンガレワとはマオリ語で「宝のある場所」を意味する。バーチャルリアリティや、参加体験型の学習展示も多く、入場料も原則無料（寄付制）であり、校外学習での児童生徒の来館も非常に多い。とくに、マオリと南太平洋に関する展示資料は国内最大級である。

　その中で、本章の調査対象は4階の「タンガタ・オ・レ・モアナ（Tangata o le Moana）」である。タンガタはポリネシア諸語で「人々」、モアナは「海」を意味するが、英語表記では、「ニュージーランドにおける太平洋諸島民のストーリー（The Story of Pacific Peoples in New Zealand）」となっている。エントランスから入るとカヌーが展示されており、まさにこれから太平洋の大

---

[*2]　ただし、その後、2018年9月に発表されたTripAdvisor社の同じ最新のランキングでは、ベトナムの戦争証跡博物館（War Remnants Museum）が、2017年の21位から一気に10位までランキングを上げて、欧州および北中南米以外の地域から唯一トップ10入りをしている。一方のテ・パパは、前年に続き19位であり、アジア・アフリカ・オセアニア地域の中から、ベトナムの戦争証跡博物館に次いで2番目にランクインしており、同サイトを利用する旅行者から安定した高評価を得ているといえよう。

海原へ旅立つような気分になる。その頭上には、トンガ移民の芸術家であり、日本の博物館にもその作品が収蔵されているフィリップ・トヒの作品「太平洋の目（Matakimoana：The eye of the ocean）」や「マウイの目」と題する作品が来場者を出迎える。その先には、マオリたちとポリネシアとの繋がりに関する展示が続き、彼らのルーツを辿るような構成になっている。古い時代の装飾品など民族誌学的な学術資料も展示されているが、その規模とバリエーションは、後述のオークランド博物館よりも小規模である。むしろ、この博物館の力点は以下のような体験型学習のスペースにある。

② 幼児・児童向け体験型学習スペース

このセクションの一角に、ヤシの木で覆われたプラネット・パシフィカ（PlaNet Pasifika）という体験型学習スペースがある。その「パシフィカ・ビーツ（Pasifika Beats）」と題するブースでは、「彼らは誰なのか（who they are）、どこから来たのか（where they come from）」を理解することが目的に掲げられている。具体的には、太平洋諸島文化の重要な構成要素の1つである音楽（＝ドラミング）、衣装（＝コスチュームの着用）、そしてダンスを体験できる。また、伝統的住居「ファレ（fale）」[*3]のブースでは、頭上に広がるファレの屋根の下で島の生活をイメージし、パズルと

写真11－3　パシフィカ・ビーツの体験学習スペース（2018年3月1日：筆者撮影）

---

＊3　当館の展示上は、ファレ（fale）というサモア語、トンガ語やツバル語などの最大多数の表記が用いられているが、同じ「家」を表す言葉として、マオリ語やクック諸島マオリ語では綴りが変わりwhare、フィジー語ではヴァレ（vale）となる。こうした太平洋諸島の文化的な類似性と多様性に関する学習機会も、当教育施設の良いところであると、担当職員が説明してくれた。

写真を使って100年前のファレと現在の家を比較することができる。さらに、動植物を表す模様を通して物語を伝えるクック諸島のキルト「ティヴァエヴァエ（tivaevae）」について、ここではフェルトを使って自分自身の物語を作成できる。その他、木から樹皮布タパ（tapa）を作るものや、伝統的なタトゥーを男女の身体の絵に描くアクティビティなどが行われている。

　このスペースの担当職員によれば、スクールトリップで訪問する児童も多いが、エスニシティを問わず連日多くの訪問者が立ち寄る人気のゾーンになっている。訪問時は、平日の午後4時前後であり、たしかに太平洋諸島系の幼児・児童が多かった。放課後の遊び場を求めて、あるいは親たちが町で買い物などをしている間、子どもたちだけで当館に来ているようで、彼らにとっては遊具のある公園のような格好の遊び場になっていた。加えて、同じエスニック集団の子どもたちと出会い、かつ伝統文化を体験的に学んでいく社会学習施設も兼ねているといえよう。自身もクォーターフィジアンだという担当職員も、NZ出生の太平洋諸島系幼児や児童にとって、自分たちのルーツに触れその固有の文化に誇りを持つ重要な空間だと説明している。

③ 生徒・学生・成人向け学習スペース

　さらに、太平洋諸島移民の現代的な大衆文化の観点から、生徒・学生から成人向けの展示コーナーが続いている。とくに音楽、工芸、ファッションなど、南太平洋を離れニュージーランドで開花したモダンアート・カルチャーが実際に視聴できるようになっていた。音楽については、1980年代以降世界的にヒップホップが流行する中、NZでも若者の間に広く浸透していったが、とくに太平洋諸島移民の若者はヒップホップの言葉、ファッション、ダンス、映画、歌詞、価値観を受容しており、独自に進化させながら世界的にも活躍するアーティストも誕生し続けている。そうした作品も含め、「太平洋諸島民」の音楽がレコードやCDとともに展示されている。また、NZの太平洋諸島移民のコミュニティが、どのように彼らの有形および無形の文化[*4]を維持し発展させてきたか、4つの動画を通して紹介されている。それ

写真11-4　太平洋諸島関連の音楽ブース（2018年3月1日：筆者撮影）

らは、1）パフォーミング・アート（Pacific Underground）、2）ファッション（Westfield Style）、3）芸術作品（work of Filipe Tohi）、4）太平洋の芸術祭（Pasifika Festival）である。こうした伝統とモダンカルチャーが融合した音楽や芸術を視聴することも、自分たちのアイデンティティを確認しつつ、さらなる独自文化を発展させていく可能性を考えていく上で示唆的な役割を果たすであろう。

　また、太平洋諸島移民の歴史を表すコーナーが設置されており、1900－1920年代、1940年代、1950年代、70年代、80年代、および現代に至るまで段階的に展示解説している。そして、最も注目すべきはその時代時代を実際に生きた太平洋諸島移民たちの経験を、本人から「バーチャルインタビュー」式に聞けるコーナーである。合計12人の生き証人があたかもその場にいるかのようであり、来場者が前に立つとその経験を語ってくれる装置である。3つのセクションがあり、1つ目の「到着：入植（Arrival: Settle in）」では、Huhana Lemisio（トケラウ）、Tufuga Holoatu Lagatule（ニウエ）、Phallo Haulangi（ツバル）、Amy Kelera Osborne（フィジー）の4名が、1950年代から1980年代にかけて移住したNZで、ホームシックになった経験や、

---

＊4　同博物館の解説によれば、ここでいうところの有形（tangible）および無形（intangible）の文化について、例えば太平洋諸島民の有形文化とは、ダンスを踊る際に使用する「衣装や装飾品」のような手で触れられる実体のあるものである。他方で、無形文化とは、ダンスの「振り付けとその一連の動作の構成」のような手で触れることができず、実体のないものである。

異なる文化、時には「敵対的 (hostile)」な環境の中で、どのように適応してきたかを語っている。

2つ目の「統合：自分たちの居場所探し (Integration: Finding a Place)」では、Mele Saiatua Lavulo（トンガ）、Veimau Lepa（トンガ）、Anand Satyanand（インド系フィジー）、Tumanuvao Alfred Tupu（サモア）の4名が自分たちの体験を来場者に語りかける。彼らが欧州系移民たちの主要文化に統合されていく過程で、時には勉学、労働、スポーツの分野で成果をあげることもあったが、他方では、「(警察による) 朝駆け (dawn raids)」をはじめとする不法滞在への処罰や、人種的差別や嫌がらせを受けてきた経験を生々しく語る。

最後の「民族自決：未来への道 (Self-determination: Way to the Future)」では、Will 'Ilolahia（NZ出生トンガ）、Lagi Sipeli（ニウエ）、Tigilau Ness（NZ出生ニウエ）、Agnes Mary Eti Ivala Laufiso（サモア）の4名が、急進的政治組織ポリネシア・パンサー党 (Polynesian Panther Party)、太平洋諸島民合同会衆派教会 (Pacific Islanders' Congregational Church)、ポリネシア系ユース・ギャング集団、太平洋女性同盟 (Pacific Allied [women's] Council Inspires Faith [in] Ideals Concerning All) といったグループの形成について自らの経験を語っている。彼らは、アイデンティティ、文化、伝統を表現する新しい方法を発見する必要性を覚え、教会や政治的な結社、時にはギャングも形成していった。最初は、汎太平洋的性質を帯びていたグループも、徐々に異なった太平洋の文化やコミュニティの帰属によって、細分化されていく過程が語られて

写真11－5　バーチャル・インタビューのコーナー。左から Will 'Ilolahia, Lagi Sipeli, Tigilau Ness, Agnes Mary Eti Ivala laufiso の順に並んでいる（2018年3月1日：筆者撮影）

いる。

　その中でも、ラグビーのNZ代表が、アパルトヘイト体制下にあった南アフリカへ遠征するのに反対し、不法集会、公共物破壊、14名の警察官に対する暴行など、37の罪で検挙され服役した経験を持つTigilau Nessの話は非常に興味深い。彼は、嘆き悲しむ母親に対し、反対しなければ自分たちも「NZでアパルトヘイトのように扱われることを認めることになる」と説明した若かりし日々と、出獄後の社会復帰に関する経験談は、今日のNZ社会に不満を持つ同朋の若者たちに語りかけているようであった。

　こうした太平洋諸島移民の年長者からの語りを聞くスタイルは、両親や祖父母、部族組織の長老たちから知識や技術の継承を受ける太平洋諸島共通の伝統的な学習スタイルと共鳴しており、文化的な配慮と工夫を感じた。

## 3．オークランド博物館の取り組み

### ① 概要

　オークランドは、全人口の約3分の1に相当する約150万人が居住するニュージーランド最大の都市である。移民の増加にも比例して人口増加傾向が続く同国において、オークランドは国内最大の人口増加率を示しており、この先10年間で200万人を超えることが予想されている。また、ポリネシア地域の中で最大の都市でもあり、NZの中でも比較的温暖で国内経済の中心地でもあることから、古くから太平洋諸島移民が多く移り住んでいる。とくに、オークランド南部のマヌカウ地区を中心に、「太平洋諸島民」の集住するエリアが点在している。

　その中心部にあるオークランド博物館は、1852年に設置されたNZ最古の博物館の1つである。初期はオークランド中心部で移転を繰り返しながら規模を拡大していき、1929年に現在の所在地に移転した。地上階（GF）が「太平洋の人々（Pacific People）」をテーマとした展示になっており、「太平洋の生活様式——オセアニアの人々（Pacific Lifeways: People of Oceania）」、「太平

洋の珠玉（Pacific Masterpieces）」、「マオリの庭（Maori Court）」の3セクションに分かれている。とくに、太平洋諸島の文化的コレクションに関して世界一とも評される社会教育施設である。

② オークランド博物館の取り組み

「太平洋の生活様式」セクションのゲートを入ると、やはり中央にアウトリガー式のカヌーが展示されている。前述のテ・パパでも入り口にカヌーが展示されていたが、こちらは青いライトで電飾された海のモチーフの上にあたかもカヌーが浮かぶように設置されており、より臨場感に溢れる演出になっている。さらに、そのカヌーを取り巻くように、クック諸島、ニウエ、サモア、トンガ、ニューギニア、フィジーのほか、家族と神々、生存経済（Subsistence）の各ブースに分かれる。また、隣接するマオリ・セクションへの通路には、権力（Power）と新しい太平洋（New Pacific）のブースが設けられており、その他トケラウ、バヌアツ、ソロモン諸島、キリバスに関する展示も含まれている。

写真11－6　オークランド博物館「太平洋の生活様式」
（2018年2月26日：筆者撮影）

各ブースの展示物とその解説は、テ・パパよりも多岐にわたり学術性も高く、その意味で世界有数の「太平洋諸島」の文化的博物館と評されうるものである。とくにポリネシア地域の充実度が高いが、ハワイ、イースター島やフレンチ・ポリネシアの関連展示は限定的である。また、ニューカレドニアやミクロネシア地域に関する展示はさらに限られており、あくまでNZ国内に居住する主な太平洋諸島移民たちの出身地に特化した構成になっている。

訪問した2018年2月末は新学期開始早々の平日ということもあって、訪

問者は少なかったが、当館職員によれば休日には多くの一般来場者があり、平日にも校外学習で訪れる児童生徒も多い。とくに、国内最大の太平洋諸島の芸術祭パシフィカ（Pasifika）などに合わせて、各種イベントが定期的に企画されている。さすがに、海外からの来場者は有料だが、オークランド市民は無料であり、市外在住のNZ国民も寄付制になっている。とくに、太平洋諸島民が集住するオークランドにおいて彼らの伝統文化を本格的に学習できる社会教育施設であり、同国の多文化共生に関わる主要な公的サービスを提供しているといえよう。

### ③ オークランド博物館併設図書館およびマンゲレ地区図書館の取り組み

また、オークランド博物館の最上階には併設の図書館があり、太平洋諸島に関連する書籍も多数所蔵している。その結果、地上階の展示で視覚的に学習し、さらに図書館の文献にあたることで本格的に太平洋諸島の文化を学ぶことができる国内有数の公的社会教育施設となっている。しかし、テ・パパと比較すると、その専門性の高さから、児童・生徒にはやや馴染みにくいといわざるを得ない。その点を補う試みの一端が、オークランドの中でも最大の太平洋諸島移民集住区の1つであるマンゲレの図書館で行われている。

写真11－7　オークランド博物館併設図書館
（2018年2月26日：筆者撮影）

本調査に協力してくれたマンゲレタウンセンター内にあるコミュニティ図書館のマネージャーによれば、オークランド市内には50を超える関連図書館があり、その中で同館は小規模だが、太平洋諸島移民に関連する書籍に限って言えば、最大規模の蔵書数である。実際に、閲覧室内に「パシフィカ・コレクション」というコーナーがあり、幼児向けの絵本から専門書に至る幅広

いジャンルの図書が陳列されており、自由に手に取ることができる。このコーナーはさらに細分されて、サモア語、トンガ語、フィジー語に加え、クック諸島マオリ語、ニウエ語、トケラウ語のセクションまで存在した。世界的に見ればマイナーな後者の3言語の蔵書が、小さなコミュニティ図書館に存在すること自体驚きだが、現在も政治的に密接に結びつく

写真11－8　マンゲレ地区図書館「パシフィカ・コレクション」コーナー（2018年2月26日：筆者撮影）

政治単位だけに、特段の扱いをしていることが想像できる。とくに、現在なおNZ属領であるトケラウに関しては、その隣に独立した展示コーナーまで存在しているが、トケラウの言語週間に合わせてイベントを行った時のものである。

　さらに、図書館が幼児向けに行っている"Story Times"と呼ばれる各固有言語で行う「読み聞かせ」や、音楽関係のイベントがある。また、児童・生徒に関して言えば、「調べ学習」でも訪問があり、レファレンスサービスを中心にその学習支援が行われている。

さらに、中学生や高校生クラスになると、「ASBポリフェスト」と呼ばれるニュージーランドの文化的多様性を反映した祭典の関連書籍や視聴覚資料の利用者が多い。その他、成人向けには専門書に加え、*SPASIFIK*や*Island Business*などの雑誌や、*Samoa Times*や*Cook Islands News*などの新聞もバックナンバーも含めて所蔵している。

写真11－9　太平洋諸語での幼児書や児童書も多い（2018年3月2日：筆者撮影）

写真11−10 マンゲレ・タウンセンター内の様子（2018年2月27日：筆者撮影）

なお、同図書館が存在するマンゲレタウンセンターには、トロピカルな色彩のアロハシャツやムームーなど太平洋諸島ならではの衣類や、タロイモやヤムイモなどの伝統的な食材が売られている。また、近隣には、太平洋諸島民の各出身コミュニティ単独あるいは合同で教会が設置されており、民間の保育所や幼児施設も併設されている。ウェリントン他でも同じことがいえるが、そうした民間施設では同じルーツを持つ者たちが集い、彼らの伝統的なやり方で行事や幼児教育が行われている。博物館や図書館などの公的な社会教育施設にとって、そうした地域コミュニティとの連携と補完の関係があってこその「安心の居場所づくり」となるであろう。

## おわりに

以上のように、多民族化の進むNZでは、コミュニティとも補完しつつ公的なレヴェルで太平洋諸島移民に対する学習サービスが提供され始めている。目を転じて我が国について考えた時に、日本的なおもてなしの精神やきめ細かい気配りも必要であろうが、併せて各エスニック集団に対応した個別的な文化的配慮も欠くことができない。例えば、上述のバーチャルインタビューのように、伝統的な部族社会の中での長老の言葉を聞く形式などは、良い事例といえよう。このような社会教育施設を確保することは、自殺や犯罪に代表されるような社会問題の発生を抑止していくためのセーフティーネットとしての役割も垣間見えるであろう。つまり、こうした社会教育施設とサービスは、本来の文化とは異なる生活環境の中で、自分たちのルーツやアイデン

ティティの揺らぎに悩む若い世代にとって、単に彼らの伝統文化と歴史を学習するためのスペースに止まらず、ドロップアウトやアウトロー化していくことに歯止めをかけることも期待されるのである。


［参考文献］
青木麻衣子、佐藤博志編著（2014）『オーストラリア・ニュージーランドの教育——グローバル社会を生き抜く力の育成に向けて』東信堂
青柳まちこ編著（2008）『ニュージーランドを知るための63章』明石書店
エデュケーション・ニュージーランド(2018)『ニュージーランド留学ガイドブック』
河野和清編著（2014）『新しい教育行政学』ミネルヴァ書房
経済協力開発機構著、沢田敬人訳（2004）『役立つ教育研究——イギリスとニュージーランドの教育研究開発システム』オセアニア出版

# あとがき

　2018年の「出入国管理及び難民認定法」改正に象徴されるように、現在、日本は大きな政策転換期にある。今後ますますの多文化、多民族化の進行が予想される。日本社会は十分な準備ができているのだろうか。このような社会状況の中で、地域社会に資する事を目的にした本書を上梓できた。

　本書の企画にあたって、多文化社会研究会での議論から多くの示唆を得た。同研究会は今年設立30年を迎える。編者も20年ほど前から参加し、多くの研究者、実践者との交流を通して様々なことを学んだ。同研究会の設立者で理事長でもある川村千鶴子氏には、本書の第1章を担当頂き、その他の会員の方にもそれぞれの専門分野、地域についての執筆をお願いした。しかし同研究会の会員だけに限定せず、広く企画の趣旨に賛同いただける方を探した結果、編者の同僚や個人的なつながりがあった方などを含め多彩な執筆者をそろえることができたと自負している。

　本書の序章では、副題にも用いた「安心の居場所」を「国籍や出身地、あるいは民族的差異にかかわらず、それぞれの幸福を追求することが保障され、その追求のために適切な支援を得たり、仲間と出会ったりすることができるような場」と定義した。この背景には、当然のことながら日本国憲法に規定される幸福追求の権利の実現が念頭にある。確かに日本国憲法を素直に読めば、幸福追求権は、国籍を有するものが持つと解される。しかし、人権に関する国際的動向が国籍よりも居住地を重視する流れになっていることを引き合いに出すまでもなく、そもそも幸福追求権は権利の性質として日本国民のみを対象としているとは考えられない。それだけではなく、今次の入管法

改正のように日本国の意志として外国人を招き入れるにあたって、これらの人々の幸福追求を制限することは道義上も認められない。このような状況の中で、社会教育は何ができるのかが問われているのだ。

　今から約四半世紀前、朝倉征夫は一連の著作で（1995、1996、1999）、1989年の入管法改正後の地域社会の多文化、多民族化の進展を背景に、民主主義的文化的多元主義に基づく教育の重要性を説いた。民主主義的文化的多元主義は一般に多文化教育という形で理解されるが、その範疇は決して学校だけではない。本書が取り上げた社会教育も多文化、多民族化に対応しなければならない。朝倉も学習者の文化的、言語的、民族的背景を学習計画、内容等に反映させる際の考え方や、主流言語としての日本語教育の教材の在り方や提供方法に至るまで具体的な提案を行った。また同時に、文化的多元主義は、文化的なまとまりごとの分離に至ることを意味するのではなく、社会的結合の維持も重要な目的の一つとしていることを指摘した。編者は大学生として同氏の授業を受講する中でこれらの主張に強い共感を覚えた。本書の筆者の中には同氏の教えを受けたものも多く、このような考えの影響が各所に見られることだろう。

　2000年代には外国人集住地域を中心に多文化共生の理念の下で多くの取り組みがなされた。これらの中には重要な成果を上げたものも多いが、2018年の入管法改正が行われた現在も朝倉があげた多くの課題が未解決のまま議論されている。その一因として考えられるのは外国人の存在の量的地域的な拡大だろう。1990年頃の在住外国人数は100万人足らずであったが、現在は250万人を超え、300万人が視野に入った。訪日外国人に至っては、年間400万人に満たなかったものが3000万人を超えた。その間、外国人集住地域では既存の外国人住民や自治体の多文化共生の取り組みが呼び水になってさらに多くの人を引きつけ、それに呼応して新たな段階の対応が求められるようになっており、新たに在住外国人が増加した地域では先進外国人集住地域の経験を参考にしながらも、やはり対応に苦慮している。地域における事情は様々で、変化に対する課題も一様ではない。一定の発展段階をたどるこ

とを前提にしたモデル化に基づく処方箋には限界があり、むしろ様々な事例を見聞きすることで地域に合った解決策の示唆を得るという方策が現実的なのではないだろうか。

　本書で取り上げた考え方や国内外の事例は多岐にわたる。便宜上、公民館、図書館、博物館に分類したが、このような枠組みをこえた連携が当然のこととして行われているのは各章で紹介したとおりである。さらに連携の相手としては、地域の小・中・高等学校や夜間中学はもちろん、青少年教育施設、婦人教育施設なども考えられる。そのためそれぞれの場所を職場にしている方にも、本書をぜひご覧いただきたい。

　末筆になったが、本書の出版にあたっては、株式会社明石書店の関正則氏、武居満彦氏には編集にご尽力頂いた。また、本書は、相模女子大学の学術出版助成金を受けて刊行することができた。ここに記し感謝の意を表したい。

2019 年 3 月　　渡辺 幸倫

[参考文献]
朝倉征夫（1995）『多文化教育――一元的文化、価値から多様な文化、価値の教育へ』成文社
朝倉征夫（1996）『産業の革新と生涯学習』酒井書店
朝倉征夫（1999）『産業革新下の庶民教育』酒井書店

● 著者紹介（執筆章順）

### 川村 千鶴子（かわむら・ちづこ）

大東文化大学名誉教授。多文化社会研究会理事長。博士（学術）。多文化教育研究所長、大東文化大学環境創造学部学部長、国立民族学博物館共同研究員、移民政策学会理事、NPO法人日本ミクロネシア協会顧問を歴任。主な業績に、『移民政策へのアプローチ——ライフサイクルと多文化共生』（編著、明石書店、2009年）、『多文化社会の教育課題——学びの多様性と学習権の保障』（編著、明石書店、2014年）。『多文化「共創」社会入門——移民・難民とともに暮らし、互いに学ぶ社会へ』（編著、慶應義塾大学出版、2016年）、『いのちに国境はない——多文化「共創」の実践者たち』（編著、慶應義塾大学出版会、2017年）。『創造する対話力——多文化共生社会の航海術』（単著、税務経理協会、2001年）、『多文化都市・新宿の創造——ライフサイクルと生の保障』（単著、慶應義塾大学出版会、2015年）、他多数。

### 金塚 基（かなつか・もとい）

東京未来大学准教授。博士（教育学）。早稲田大学大学院教育学研究科博士後期課程単位取得退学。帝京大学福祉・保育専門学校専任講師を経て現職。専門は生涯教育。主な業績に、『交錯する比較文化学』（共著、開文社出版、2016年）、『グローバル教育の現在』（共著、ムイスリ出版、2015年）、「中国海南島の黎族における言語および教育環境の変化に関する一考察」『比較文化研究』No. 121（67-77頁、2016年）、「応援歌の教育的意義に関する研究——学校野球部の応援歌の分析から」『比較文化研究』No. 130（161-171頁、2018年）など。

### 土田 千愛（つちだ・ちあき）

東京大学大学院総合文化研究科国際社会科学専攻博士課程。第2回若手難民研究者奨励賞受賞（2014年）、ケニヤッタ大学大学院難民研究所（2015年）などでの研究を経験。専門は国際関係論、移民・難民研究。主な業績に、『いのちに国境はない——多文化「共創」の実践者たち』（共著、慶應義塾大学出版会、2017年）、"Causal Relationship between Choice of Applying for Refugee Status and Building an Ethnic Community: Case Study of Kurdish Applicants from Turkey in Japan", Journal of Human Security Studies, Vol. 7, No. 2, pp. 95-112, 2018.「多文化『共創』の国・日本 日本社会でともに生きる——難民申請者が居住する民族コミュニティ形成背景と相互扶助」『「国際人流」〜多文化「共創」の国・日本〜』第362号（公益財団法人入管協会、16-21頁、2017年）など。

### 呉 世蓮（お・せよん）

早稲田大学非常勤講師、日本大学非常勤講師。博士（教育学）。早稲田大学教育・総合科学学術員助手、立正大学、日本映画大学、立教大学、日本女子大学非常勤講師を経て現職。西東京市公民館運営審議会委員（第8期9期）を担当。専門は教育学、多文化教育、韓国の生涯（平生）教育。主な業績に、『多文化・多民族共生時代の世界の生涯学習』（共著、学文社、2018年）、「韓国の多文化家庭の子どもに対する学校と家庭との学習連携に関する研究——多文化教育政策の展開と安山市の取組みを中心として」『日本社会教育学会紀要』（2013年）。「韓国における夜学と学習社会とのつながり——光州希望夜学を事例に」『日本学習社会学会学習社会研究』（2013年）など。

**大谷 杏**（おおたに・きょう）
福知山公立大学地域経営学部准教授。博士（教育学）。早稲田大学大学院教育学研究科博士後期課程単位取得満期退学。相模女子大学、都留文科大学、北里大学、日本指圧専門学校等非常勤講師を経て、現職。専門は生涯学習（移民の言語学習）。主な業績に、「フィンランドにおける成人移民に対する第2言語としてのフィンランド語教育」『相模女子大学紀要』VOL. 81（51-58頁、2017年）、「フィンランド公立図書館における移民対象イベントの成立要件 ── エスポー市立図書館で開催されている各種イベントに着目して」『都留文科大学研究紀要』第85集（165-182頁、2017年）など。

**阿部 治子**（あべ・はるこ）
自治体職員。公益社団法人 日本図書館協会 多文化サービス委員会副委員長。「むすびめの会」（図書館と多様な文化・言語的背景をもつ人々をむすぶ会）事務局。入庁後、図書館の多文化サービスや図書館・博物館・公民館の複合施設開設準備、7言語による行政情報動画制作や多文化共生推進基本方針の策定などに携わる。主な業績に、『多文化サービス入門（JLA図書館実践シリーズ2）』（共著、日本図書館協会多文化サービス研究委員会編；日本図書館協会、2004年）、『多文化サービス実態調査2015報告書』（共著、日本図書館協会多文化サービス委員会編；日本図書館協会、2017年）など。

**宮原 志津子**（みやはら・しづこ）
相模女子大学准教授。東京大学大学院教育学研究科博士課程満期退学。フィリピン大学第三世界研究所客員研究員、シンガポールナンヤン工科大学情報学研究科客員研究員、司書として三鷹市立三鷹図書館、ヴェトナム・ホーチミン市総合科学図書館（JICA青年海外協力隊より派遣）、国際交流基金フィリピンマニラ事務所図書館に勤務などを経て現職。専門は図書館情報学。主な業績に、Makiko Miwa, Shizuko Miyahara(eds.), Quality Assurance in LIS Education: An International and Comparative Study, Springer, 2015、『図書館情報学教育の戦後史 ── 資料が語る専門職養成制度の展開』（共著、ミネルヴァ書房、2015年）、『図書館サービス概論』（共著、樹村房、2019年）など。

**和気 尚美**（わけ・なおみ）
三重大学地域人材教育開発機構助教。筑波大学大学院図書館情報メディア研究科博士後期課程修了。博士（図書館情報学）。デンマーク政府給費奨学生としてコペンハーゲン大学情報学アカデミーへ留学（2012年）。相模女子大学司書課程非常勤講師等を経て現職。専門は図書館情報学・人文社会情報学。主な業績に、『文化を育むノルウェーの図書館 ── 物語・ことば・知識が踊る空間』（新評論、2013年）、『読書を支えるスウェーデンの公共図書館 ── 文化・情報へのアクセスを保障する空間』（新評論、2012年）、『高齢社会につなぐ図書館の役割 ── 高齢者の知的欲求と余暇を受け入れる試み』（学文社、2012年）など。

**若園 雄志郎**（わかぞの・ゆうしろう）
宇都宮大学地域デザイン科学部准教授。博士（教育学）。早稲田大学大学院教育学研究科博士課程単位取得満期退学、北海道大学アイヌ・先住民研究センター博士研究員（現在は客員研究員）、宇都宮大学基盤教育センター特任准教授を経て現職。専門は社会教育、マイノリティ教育。主な業績に、加藤博文・若園雄志郎編『いま学ぶアイヌ民族の歴史』（山川出版社、2018年）、『多文化・多民族共生時代の世界の生涯学習』（共著、学文社、2018年）、日本社会教育学会年報編集委員会編『アイヌ民族・先住民族教育の現在』日本の社会教育第58集（共著、東洋館出版社、2014年）など。

**郭 潔蓉**（かく・いよ）
東京未来大学モチベーション行動科学部教授。博士（法学）。大東文化大学非常勤講師、ビジネスブレイクスルー大学教授などを経て現職。専門は、東アジア・東南アジア地域の政治経済、国際経営、ダイバーシティ・マネジメント、多文化社会。主な業績に、『多文化「共創」社会入門──移民・難民とともに暮らし、互いに学ぶ社会へ』（共著、慶應義塾大学出版、2016年）、『パスポート学』（共著、北海道大学出版会、2016年）、『グローバル教育の現在』（共著、ムイスリ出版、2015年）など。

**玉井 昇**（たまい・のぼる）
獨協大学外国語学部教授。博士（国際関係）。（財）かながわ国際交流財団湘南国際村学術研究センター専門員、大分県立芸術文化短期大学国際文化学科専任講師、帝京大学外国語学部准教授を経て現職。専門はオセアニア地域研究、政治発展論。主な業績に、『国際関係論24講』（単著、文教出版、2005年）、「ミクロネシア3国における被統治史と現代的教育課題の類似性」『国際教育』第22号（日本国際教育学会、2016年）、「ニューカレドニア・多文化社会構築への一提言」『パシフィック・ウェイ』通巻123号（太平洋諸島地域研究所、2004年）など。

● 編著者紹介

**渡辺 幸倫**（わたなべ・ゆきのり）
相模女子大学教授。早稲田大学大学院教育学研究科博士後期課程単位取得退学。大東文化大学非常勤講師、立教大学兼任講師などを経て、現職。専門は多文化教育、言語教育。主な業績に、『買い物弱者とネット通販──在外子育て家庭からの示唆』（共編著、くんぷる、2019年）、『多文化「共創」社会入門──移民・難民とともに暮らし、互いに学ぶ社会へ』（共著、慶應義塾大学出版会、2016年）、『多文化社会の教育課題──学びの多様性と学習権の保障』（共著、明石書店、2014年）など。

## 多文化社会の社会教育
### 公民館・図書館・博物館がつくる「安心の居場所」

2019年3月28日　初版第1刷発行
2021年3月26日　第3刷発行

| | |
|---|---|
| 編著者 | 渡辺 幸倫 |
| 発行者 | 大江 道雅 |
| 発行所 | 株式会社 明石書店 |

〒101-0021 東京都千代田区外神田6-9-5
電話 03（5818）1171
FAX 03（5818）1174
振替 00100-7-24505
http://www.akashi.co.jp/

装丁　　　明石書店デザイン室
印刷／製本　モリモト印刷株式会社

（定価はカバーに表示してあります）　ISBN978-4-7503-4809-4

Social Education in a Multicultural Society
Creating a secure place through learning at Japanese community centers, libraries, and museums
ed. Watanabe Yukinori
First published in Tokyo Japan, 2019

JCOPY 〈出版者著作権管理機構 委託出版物〉
本書の無断複製は著作権法上での例外を除き禁じられています。複製される場合は、そのつど事前に出版者著作権管理機構（電話 03-5244-5088、FAX 03-5244-5089、e-mail: info@jcopy.or.jp）の許諾を得てください。

## 移民政策へのアプローチ ライフサイクルと多文化共生
川村千鶴子、近藤敦、中本博皓編著 ◎2800円

## 「移民国家日本」と多文化共生論 多文化都市・新宿の深層
川村千鶴子編著 ◎4800円

## 3・11後の多文化家族 未来を拓く人びと
川村千鶴子編著 ◎2500円

## 多文化社会の教育課題 学びの多様性と学習権の保障
川村千鶴子編著 ◎2800円

## 現代日本の宗教と多文化共生 移民と地域社会の関係性を探る
高橋典史、白波瀬達也、星野壮編著 ◎2500円

## 世界と日本の移民エスニック集団とホスト社会 日本社会の多文化化に向けたエスニック・コンフリクト研究
山下清海編著 ◎4600円

## 希望 オーストラリアに来た難民と支援者の語り 多文化国家の難民受け入れと定住の歴史
アン=マリー・ジョーデンス著 加藤めぐみ訳 ◎3200円

## 自治体がひらく日本の移民政策 人口減少時代の多文化共生への挑戦
毛受敏浩編著 ◎2400円

## 移民政策のフロンティア 日本の歩みと課題を問い直す
移民政策学会設立10周年記念論集刊行委員会編 ◎2500円

## 多文化共生政策へのアプローチ
近藤敦編著 ◎2400円

## 多文化共生と生涯学習
松尾知明著 ◎2200円

## 多文化教育の国際比較 世界10カ国の教育政策と移民政策
矢野泉編著 ◎2300円

## 新 移民時代 外国人労働者と共に生きる社会へ
西日本新聞社編 ◎1600円

## 移民の子どもと学校 統合を支える教育政策
OECD編著 布川あゆみ、木下江美、斎藤里美監訳 三浦綾希子、大西公恵、藤浪海訳 ◎3000円

## 外国人の子ども白書 権利・貧困・教育・文化・国籍と共生の視点から
荒牧重人、榎井縁、江原裕美、小島祥美、志水宏吉、南野奈津子、宮島喬、山野良一編 ◎2500円

## 国際理解教育 教育と実践・交流を通じて国際理解教育の発展をはかる【年1回刊】
日本国際理解教育学会編 ◎2500円

〈価格は本体価格です〉